U0111790

大展好書　好書大展
品嘗好書　冠群可期

大展好書　好書大展
品嘗好書　冠群可期

截拳道
功夫匯宗

舒建臣　編著

大展出版社有限公司

前言

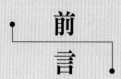

　　自從香港武術大師李小龍先生創立了截拳道功夫以來，影響巨大，在國際武壇上享有盛譽。近些年來，截拳道在中華大地上也得到了蓬勃發展和廣泛傳播，在廣大青少年中掀起了一股學習截拳道的熱潮。

　　人們不禁要問，中國是中華武術的故鄉，其內涵極爲豐富，各門各派，千姿百態，足以讓任何一位有心學武之人眼花繚亂，難作決斷。然而爲什麼人們還會對截拳道這種既有中華武術的內涵，又借鑒了諸多西洋拳法的技術特點的功夫門類如此青睞呢？

　　依筆者的多年實踐體驗，截拳道歸根結底還是從中國武術這棵大樹上衍生的一株新枝，但它又不同於中國傳統武術，它在許多方面已經跳出了傳統武術的規範與限定，體現出時代的進步。從截拳道的學習和認識中，人們依舊可以充分瞭解武術的基本理念，而且從運動訓練中不僅獲得實戰搏擊的能力，還使自己的身心同時得到更好的鍛鍊，從實際效果上看，在諸多武技流派中是出類拔萃的。

　　截拳道不僅僅教會人們在健身或者搏擊中一招半式的技巧，還強調在學習中追求肉體鍛鍊的極限，同

時進入更加深層次的心靈的探求，使自己在肉體和精神上都得到一個極大的昇華，從而使這門拳技成爲自己生活中一種藝術的拳道。反過來看，當人們在學習中感受到自己從未感受過的許多新知之後，從内心深處迸發出來的熱情又會將種種武技全面地融入到社會生活發展的軌跡中。

今天看來，截拳道早已不只是人們茶餘飯後談論的話題，也不只是從宣傳片中體現對偶像崇拜的衝動，它早已成爲大批練習者日常生活中的重要内容，並逐步地提高著他們的道德、情趣和生活理想的修養。截拳道教會了人們更深入一步地洞察武術的邏輯性，並引導人們站在中外武術文化的基礎之上去充分發揮截拳道所展現的創新思維。

實事求是地講，截拳道是它的創始人和繼承者們交給這個世界的一個嶄新的、理性的、科學的武術體系。儘管，探索武術的眞理常常會遇到許多意想不到的困難，創立一種新的武術體系更非易事，它不僅需要昂揚的激情、創新的勇氣、良好的悟性，還需要科學的態度、求實的精神和嚴謹縝密的思考，而這些，截拳道和它的追求者們基本上做到了。

由於諸多原因，截拳道的資料保留得並不完整，一些人在學習中常常會遇到一些困難，由此，筆者才有了整理出一套比較系統又讓人易於理解的叢書的計畫。經過幾年的努力，產生了《截拳道入門叢書》。這套叢書共六本：《截拳道手擊技法》《截拳道腳踢

技法》《截拳道擒跌技法》《截拳道連環技法》《截拳道攻防技法》《截拳道功夫匯宗》。在這套叢書中，筆者試圖從不同的角度，以理論和實戰技法相結合的方式，把截拳道最基本的理念、技法和攻防招式逐一介紹給大家。考慮到不同層次學習者的需求，在這套書中，筆者儘量以通俗易懂的語言進行描述，以較多的圖片直觀地表現各種技術動作的特點，力求使之達到一個最好的效果。當然，這只是筆者的一個好的願望，因爲，無論是學習截拳道還是其他的武術流派，最主要的還是要靠學習者在訓練中的切身感悟，一部入門叢書，無論如何僅僅是引導您入門的一個輔助工具，而不是全部。

由於截拳道內容非常寬泛，尤其是其技法技巧變化萬千，無法在一部書中得到充分的展現，加之筆者的認識也有待不斷的深化，不斷的提升，所以在本書中難免有諸多的疏漏和不足之處。在此誠懇地希望所有讀到本書的同道提出批評和建議，以期共同提升。

本套叢書得以付梓出版，筆者衷心地感謝多年來一直給予關注和支持的親友，以及爲此付出了辛勤勞動的所有的人。

作　者
於深圳

截拳道 **功夫** 匯宗

目錄

目錄

上 篇

基礎知識部分

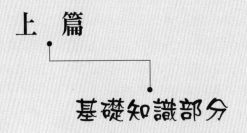

1 / 什麼是截拳道？

在截拳道中，「截」就是半路攔截和潛步接近，同時包含簡捷、直接的意思；「拳」即是技術、技巧和風格；「道」則是精神或基本的方法。

截拳道的完整意思就是阻擊對手的來拳之法或截擊對手的來拳之道。截拳道的名稱並無特殊含義，只是在創立時為了方便而命名的。截拳道在實戰搏擊中，不受拳術套路的束縛，憑藉本能和直接的出招，均可以構成截拳道的技術和技法。

截拳道認為習武有一定基礎後，可以吸取各種武術流派的精華，而不要拘泥於固定的模式，在實戰中可以採用任何手段去達到戰勝對手的目的。從截拳道的技巧和技法風格上來看，它和中國武術散手有不少相近的地方。

在世界各地，截拳道又被稱為「功夫」或「功夫之道」。它以中國傳統武術的文化理論為基礎，以徒手的打、拿、踢、摔為主要內容，並配合禪、道的理念修身養

性、健身強體，培養習武者的堅強意志。

截拳道是一種簡練、實用、美觀和樸素的運動形式，它修練人體的精神氣質，推崇手、眼、身法、步和精神、功力、內氣的高度協調，以塑造形神兼備，內修外練的身心合一境界，最終形成自由無羈的心境。

截拳道在其演進發展中，深深地凝聚著中華武術的哲學智慧，並又獨樹一幟。它源於中華武術，屬於世界。

2／截拳道的主要組成部分有哪些？

截拳道在吸收傳統武術精華過程中，形成了打、踢、摔、拿四個主要組成部分。打法是主要以手攻擊的方法，它以詠春拳手法、少林拳手法和螳螂拳手法為基礎，又融入拳擊以及其他技擊術的手法而形成一個完整的手法擊打體系。手法的打擊形式包括拳擊、掌砍、指戳、擒鎖、拳臂砸等攻擊方法。既可以採用一手出招，也可以採用兩手出招。踢法上汲取了中華武術北腿的技巧和泰拳、法國腿擊術、跆拳道等踢法的優點，並創立了連環三腳的絕技，複合運用踢打技巧。摔法則吸收了中國武術的摔跌技巧、柔術的擒摔技巧等。拿是指擒拿、擒鎖技巧。其他的技法還吸收了冷兵器的技術運用技巧。

3／如何理解截拳道的基本理念？

截拳道是源於武術，又超然於傳統武術的一種新的理

念、文化和方法，它從一個新的視角提升人們對武術的思考方式、分析問題的方法和解決問題的途徑。

截拳道指出，不同的武術拳種有不同的特點，練習者要根據自己實際情況進行選擇，並堅持不懈地進行訓練，以最終取得成效。截拳道雖然隨著發展越來越規範和嚴謹，但修習時仍須以平常心對待之。

雖然截拳道也指出，我們在接觸武術時不應被其表面的東西弄得困惑不解，但是，當你試圖深入瞭解武術的核心思想，並尋求解決之道時也確實會面對諸多困難。

即使是截拳道，當它在推崇簡捷和直接的同時，也不可避免地陷入網羅各流派技術精華的複雜過程中。以至於當你真正要去瞭解截拳道時，卻發現它包含了很多未必很容易解釋的內容。為此，我們不必苛刻地探求截拳道究竟是什麼，或者其又與其他門類有什麼區別，不然我們又容易陷入迷惑之中了。

要想知道截拳道是什麼？我們就應當遠離複雜的哲理，朝向返璞歸真，朝向平凡，在這種返璞歸真的過程中，便逐漸明瞭無形之形、無法之法之為何，最後，我們才會真正弄懂截拳道：它就是使武術能運用於自由搏擊（格鬥）的技術。

學習它，不僅讓人們掌握搏擊能力，同時又提高了自身的反應能力，以至於在鍛鍊中獲得充分的自信。

截拳道是武術中的精華。每個時代都會產生具有一定代表性的武術思想。因為每個時代都會有特殊事態的發生，都會因這些特殊的事態而產生解決需要的問題。截拳

道也是因近、當代事物的激發而產生和形成的，它提出了更加新穎的武術觀念，並深入展開拳技理論的探索，從而形成了自己獨自的形式和風格。

李小龍先生（振藩，1940～1973年）受時代精神和中外武術觀念的激發，在實踐中提出並創立了一種新的武術形式，用以闡釋武術中的各種問題，並將這種武術形式定名為「截拳道」。截拳道形成後，在不斷實踐中逐漸自成體系，並產生了重要的影響，在融會中華武術和西洋武技及其哲學文化的基礎上，綻放出絢麗的光彩。由於截拳道在世界各地的強烈反響，許多國家或地區的武術人士也給予了高度關注。

截拳道提出的武術觀點是交給武術大家庭的一份成功的拳術理念。它以嶄新的視覺、理性的思索、科學的體驗來闡釋武術、剖析武術之道，確實產生了震撼人心的效果。伴隨著各門武術的共同發展，截拳道的理論也日趨成熟，形成了自身的體系化、系統化，具有科學性。

在諸多武術流派拳術理論爭奇鬥豔的今天，截拳道顯然處於後起的位置，然而它卻代表了一種新的武術視界和新的思想，並將以新一代武術的獨特思維方式突破傳統武術的束縛，快步走向世界。

4 截拳道的形成階段和組成體系是什麼？

影響截拳道的拳術成分分別是：太極拳、詠春拳、螳螂拳、蔡李佛拳、彈腿、迷蹤拳、洪拳、羅漢拳、柔道、

法國拳術、菲律賓武技、泰拳、空手道、跆拳道、合氣道、劍道、禪、道家等多種武術流派及武術傳統哲理文化。

截拳道的形成大體經歷了如下階段：李小龍初期接觸詠春拳功夫階段；吸收其他傳統武術的功夫階段；接觸西洋拳擊階段；進入自由搏擊階段。其他還包括武術器械的技法的確立和應用。

事實上，對於截拳道的組成體系，我們尚不能完全斷定其屬於什麼或者其具體來自哪裏。它只是將武術綜合融會成一個整體，根據需要隨機出招。

截拳道曾大膽地否定了一些拳術理論和技術，這是行之不易的，因此，即使它還有某些不夠完善的地方，也只有在今後歲月的發展中去努力使之更加充實完善。

截拳道是在解讀大的武術體系中產生的，是理性的思辨和實踐的結果，並受當時社會環境的影響，不斷對武術傳統進行深入的反思。它不局限於特定的形式，而是兼收並蓄，大膽吸收各種流派拳技。因而截拳道所涵蓋的已不分拳種，並超越國界，同時，截拳道廣泛吸收了道家思想的內含，並以陰陽五行學說彌補截拳道理論上的缺陷。

5／什麼是截拳道的「尚武崇德」思想？

當截拳道以一種嶄新的技擊術風格展現給人們時，它同時還反映著中華武術的博大精深。它從傳統武術中不斷汲取精華，補充和完善自己的體系，從而形成了蘊藏豐富

文化內涵的技擊之法。

同樣，它和傳統武術一樣，在自身的內涵中都講尚武崇德的精神。一個習武者的武德和武藝是緊密相連、相互融會的。只有排除私心雜念，才能使武德高尚、武藝精進。習武不是持己之勇去惹事生非，這樣不符合習武宗旨。以武勝人只是暫時的，健身才是長期的。

學武主張習武崇德。武德就是符合社會潮流的倫理思想。學武要明辨是非善惡，重視武德精神，做一個道德高尚、心胸開擴、有正義感的習武者。在武德中，武的真正意思是堅持正義，而非恃強凌弱。在截拳道中重點推崇的是詠春拳的武德思想。

6／什麼是截拳道的「振藩禮」？

振藩禮就是截拳道練武時的禮貌姿勢，它與傳統武術中練拳的請拳禮貌姿勢相似。不同的拳種有各自的請拳動作，使人一看請拳禮便可明瞭其所習何拳。

截拳道創立初期是振藩功夫階段。此時期截拳道的大部分技術為詠春拳技術。因此在習練振藩功夫時，也就有了與傳統武術相似的請拳禮貌姿勢———振藩禮。

振藩禮動作姿勢如下：

首先併步站立；兩手自然垂放於身體兩側，頭部端正，挺胸收腹，兩眼直視前方；兩手經體前向上舉並交叉，左手在下，右手在上，左手掌心向右，右手掌心向左；兩掌下落，同時，兩掌外擰旋，使兩掌心朝上；上身

稍右轉，兩手同時握拳，拳心向上；接著左拳變掌，蓋在右拳拳面上，於上身右轉成抱拳狀時，右腿向前踏出約一步，腳尖外展。上式不停，左掌抱右拳，由腰右側向身體正前方推出，使兩手停於體前中線位置；同時，左腳由右腿內側向前踏出一大步，腳尖觸地，成左式虛步敬禮式，也就是振藩拳禮式。敬禮完畢，即可進入搏擊競賽。

7／截拳道引用「禪」的什麼意義？

「禪」，從多種文獻來看，應屬於佛教的經法方式。在佛學中禪又被稱為「禪宗」。少林寺的拳術修練就是講究拳禪一體的方法，主張以佛家的禪寂修本身，明心見性，用禪修練人的本性之心，達到忘我的境界。但從實踐的角度看，禪沒那麼複雜，它實際上就是修練自己的精神素養，用良好的身心體驗去更深層次地領悟所習之拳法，以期達到拳禪合一的境界。

截拳道引用「禪」是為了修心養性，樹立習武信心，增加智慧和培養堅強的意志。以禪的修悟認識自己，認識武術的博大精深，從而陶冶武術情趣，更深刻地認識和剖析武術精神的內涵。

正如截拳道所說，習武練功的高深層次是追求精禪和肉體的完全自由修練，這種修練只有由心悟才能深明其意。而心悟就是以「禪」修心而達到忘我，使拳禪合一，心靈與技巧合一，使習武者的身心在實戰搏擊中展現出堅強不屈的精神狀態。

8 / 截拳道運動的發展現狀如何？

截拳道運動經過不斷演化，逐步成為中國武術的一個重要分支，且自成系統。現在在國內許多地方成立了截拳道訓練館、校和組織，舉辦了多次教練員培訓班，介紹截拳道的書刊和網站相繼問世。這些都顯示了國內截拳道運動正向著健康、安全、規範化的方向發展。

隨著各地相繼成立的培訓組織，已湧現出大批的截拳道愛好者。在前幾年舉行的武術散手比賽中，有些隊員就採用截拳道的技法進行格鬥。這樣使廣大青少年看到了精彩的截拳道技術，因而備受人們的關注。當然，國內的截拳道發展諸多問題仍有待進一步研究，這還需要廣大的截拳道愛好者共同努力。

而在世界其他地方，截拳道的發展則似乎失去了往日的發展勢頭。這不能不說是截拳道的一大損失。海外的許多功夫愛好者將目光移向自由搏擊、泰拳、跆拳道等武技，截拳道與它們相比，在推廣上已有明顯差距。究其原因，截拳道的發展思路不夠清晰，尚缺乏統一的組織領導。如果截拳道能夠解決好組織機構的協調統一問題，必會對截拳道的發展產生積極的推進作用。

9 / 開展截拳道運動的魅力何在？

截拳道運動所表現出來的搏擊技巧，展示了較高的技

法水準與力度美，其所具有的格鬥的刺激性和撼人心扉的吸引力，都能產生強烈的社會效應。作為一種勇敢者的搏擊運動，截拳道不管是競賽形式本身，還是訓練者所展現的形象、氣質和技法能力，都能激發起人們模仿和學習的強烈慾望。

截拳道在競技中的自由打鬥的特徵又具有某種象徵意義。欣賞一次打鬥比賽，觀賞者從敵對雙方激烈的打鬥變化中，既可領受到高超技法的魅力表現，又使自身情緒得到充分激發，並借助激烈的比賽充分宣洩，精神上得到安慰。

10／傳統的武術套路與截拳道之間的相關性是什麼？

套路是體現武術運動的常見形式，由數個單獨的動作按照特有的攻防技擊方式和用勁規律而協調嚴謹地編排在一起。武術套路有多個種類的形式，風格多姿多樣。習練武術套路有健身、技擊、表演、競賽四個方面的作用。它不僅可以健身，也可以用於技擊。

不過，武術套路的技擊方法和截拳道的技法是有一定區別的。武術套路的技擊動作一般不太容易直接獲得較佳的實戰效果。雖然如此，套路的技擊動作經過專門性訓練還是能獲得一定的實戰效果，人們也可以將其作為實戰技擊術的基礎。因此，截拳道同樣可以採用拳術套路作為基礎功夫訓練，然後走向技擊的形式。

練習截拳道時，可以先練習一種或幾種武術套路，從中體驗武術的「手眼身法步，精神氣力功」的感受。不過，進行截拳道訓練時並未特別要求先進行武術套路訓練。具有一定截拳道基本功底的練習者可以直接進入實戰搏擊訓練。

11／ 何為「以無法為有法，以無限為有限」？

截拳道追求的是實際效果，而非空洞的形式，即「以無形為有形」。無論哪一類武術，其實都是在追求一個共性的東西，就是透過實踐訓練出種種招式去最終戰勝對手。

截拳道認為，很多武術流派的傳承方式，有較明顯的盲從與模仿性，以致形成了相當多數習武者的通病。而真正進入搏擊打鬥狀態進行搏鬥的是人，人與人不同，心態也會時時發生變化，賽場上雙方你來我往，變化無常，此時，是無「型」可施展的。也就是說，此時如果用訓練中那些固定不變的招式去對付瞬息萬變的實戰狀況，必定會遭到對手的兇狠攻擊而被擊敗。為了避免搏擊造成被動的情況，截拳道主張習武者不要被固定的技法所束縛，只要能達到戰勝對手的目的，可以使用一切手段和技巧。

事實上，截拳道是沒有型、式的拳道，也沒有門派之分。但是在截拳道的技法中蘊含著其他門派的絕技，大量吸納了各門各派的優秀技法。其宗旨卻是，為了達到目的，不惜使用一切手段，全力以赴。因而，截拳道是無所

謂「形」的，故可運用任何「形」，它又無門派之分，亦可適用於任何門派。它要求能善用各種技法和技巧，追求達到武術的最高境界，而武術的最高境界則是簡練快捷，以不變應萬變。

搏擊之藝是於瞬間產生的千變萬化的技藝，如果一味依照某種固定模式練習下去，日久只會阻礙自己武技的發展。這也是截拳道所不贊成的。但是，截拳道所說的無形的「形」，並非意味著真正無形或亂打一氣，它所強調的無形之形其實是由「形」或「型」進化至更高深、更完美的表達自我的境界，是對傳統技法的理念上的新的突破。

如此說來，便會產生一個疑問：截拳道這樣強調「無形」是否意味著我們所習練的截拳道技法並不是截拳道的東西呢？

事實上，我們接觸的截拳道技法只是作為啟發之用，真正要達到截拳道的高深境界，則需練習者自己感悟。截拳道的技法是無限的，它從來不將某一技法固定為截拳道的技法，而是從宏觀上將任何技法都作為截拳道的技法，在掌握了基本技法的基礎上隨心所欲地在實戰中加以施展。可以這麼說，截拳道的法是取材於任何可以取材之法的法，它是無限的，並且是不固定的。這就是「以無法為有法，以無限為有限」。

12／截拳道訓練如何入門？

如何進行截拳道入門練習？怎樣才能學好截拳道的基

本技法？這主要取決於練習者本身的性格特點，而在開始進入訓練時，重要的是練習內容、方法、運動量，以及循序漸進、持之以恆的訓練原則。

入門練習首先從身體基本素質鍛鍊做起。它的練習內容包括力量素質、柔韌素質、速度素質、靈敏素質、耐力素質的鍛鍊等等。練習者在身體素質鍛鍊中要嚴格要求自己，認真完成訓練計畫，為以後的訓練打好基礎。

具備一定的身體素質基礎後，接下來練習警戒樁式，從中體會樁式技巧的運用，學習防守的技術，並配合基本步法訓練。

然後進行動作技法練習。先練習單個的出拳踢腿動作，並採取多次重複訓練方法，待單個動作熟練之後，再練習組合動作技法。不管是單個的還是組合的技法訓練，都要求動作技術正確，以促進身體對動作的技能定型，逐漸提高技法水準。

動作技法水準熟練後，可以選擇適合自己身體及個性的技法，再進行單獨和組合技法動作的重複訓練。在此階段的訓練中，不要僅僅練習動作技巧，更要掌握動作規格、用勁方法、身形運用、姿勢、節奏等，並在長期的訓練中反覆體會和實踐。

上述步驟均熟練掌握以後，再配合步法、戰術進行訓練，以練習從各種步法中的出招動作，並結合戰術訓練移動技巧。其後便可以進行實戰練習，使自己的技法達到較高的攻防運用水準。

13／掌握截拳道技法要經過哪幾個訓練階段？

由大量的練習和實踐，使初級的動作過渡到搏擊中的自如運用，截拳道一般要經過三個階段來進行訓練，分別為訓練初期、訓練中期和訓練後期。

在截拳道的訓練初期，練習者的神經過程處於泛化階段。這一階段訓練時注意的範圍比較小，很多問題觀察和體驗不到，身體知覺的準確性低，神經抑制過程尚未精確地建立，動作技巧的連接不協調，身體肌肉的放鬆和緊張配合較差，容易產生錯誤動作。這個階段人們主要是用視覺觀察示範者的動作，然後進行模仿，動作的控制力不強，當出現錯誤動作時卻很少注意得到。

練習者經過一定量的練習後，初步掌握了截拳道的單獨動作技巧，並開始把一些動作連接起來。在這個階段練習者的神經過程進入了分化階段，即所謂訓練中期。

在這個階段的訓練中，注意力範圍擴大，能控制身體的緊張程度，動作技巧中錯誤動作基本消除，動作的準確性提高，並能透過思維分析動作的特徵，可以根據肌肉感覺動作。

訓練後期，練習者所練習的動作技巧已在大腦中建立起動力定型，身體神經的控制過程更加集中和精確，動作技巧的展現初步達到了自動化程度，練習者已能夠及時發現和糾正動作中的錯誤，較好地施展截拳道技法。

14/ 如何培養在截拳道訓練中的信心？

激發和培養截拳道練習者的激情和信心，這在訓練中是非常重要的。截拳道運動的魅力就在於其具有鮮明的趣味性和挑戰性，它能讓練習者身心合一地進行修練，能在艱苦的訓練中感受到樂趣，不會使訓練過程顯得單調乏味。

在習練截拳道時，必須強化自己的訓練動機，建立良好的習慣，樹立正確觀念，增強信心。特別是初學者，在一切還遠未熟練的情況下，必須從心理上激發出頑強的意志力並堅持訓練。

訓練時不要原地不動或者只練某一種形式，而應變換不同的訓練方式和方法，給自己創造控制訓練變化的能力，以提高訓練進度，同時透過不斷磨練，努力提高自我責任感和價值感。

練習者應當最瞭解自己練習的狀況如何，因而一旦自己學會根據自身條件制定訓練計畫，並把握了正確的方法之後，就有可能探索出更好的訓練方法，方法得當且效果顯著，練習者就會有強烈的信心和激情去完成訓練。

為了增強練習者的信心，應根據自己能力和水準，循序漸進地進行訓練，不要急於求成。允許在訓練中出錯，但要從中吸取教訓，自我調整及時改正錯誤。不要太過於苛求自己，否則就容易損傷剛剛建立起來的訓練信心。

15／怎樣制定訓練計畫？

截拳道訓練的目標就是要在確定的時間內使自己的訓練水準達到最高水準。要想掌握截拳道的高層次技法或者在搏擊比賽中取得好成績，在訓練中就需要有一個完整系統的訓練計畫，使練習者從技術、技巧和心理素質等方面都得到平衡協調的發展。

制定系統的訓練計畫時應當有目的、有步驟、有措施地加以合理科學的安排，逐漸地增加訓練量，透過科學訓練，使練習者的身體素質和運動技能在較短時間內達至較高水準。每個練習者都有自身的不同特點，因而也應對每個練習者施用不同的教學和管理方法。

教學訓練中，對於截拳道的技術教學、訓練方法、個人訓練計畫都應根據情況進行調整改進。因此，制定一個好的訓練計畫是比較複雜的。在這些方面，有一個好的教練員或指導者是很重要的。

教練員應當具備豐富的業務知識和實踐經驗，制定的訓練計畫應能充分地發掘練習者的潛能，並能合理地使用訓練器材設備。訓練計畫必須能以練習者在訓練中的進步情況以及比賽日程的安排為基礎，訓練計畫應體現出簡單明瞭，機動靈活，使練習者能按照計畫有序地進行訓練，並在出現不適或意外情況時能夠及時更改和調整。

截拳道訓練計畫大致可以分為多年訓練計畫（三年或四年）、全年訓練計畫、短期訓練計畫（為臨近比賽組織

的月和週訓練）三種類型。

多年訓練計畫，教學者應制定出每一訓練周期（三至四年）的訓練目標，然後據此制定本年度的訓練計畫。

全年訓練計畫是多年訓練計畫的重要組成部分，在全年計畫中，再按時間劃分成若干訓練時段，以符合訓練進展情況。

短期訓練計畫決定著多年訓練計畫的訓練品質，它是在教學中最應認真仔細構思的訓練計畫。它是根據訓練時間、氣候、環境、訓練目標等相關因素，安排合理運動量和訓練方法。

多年訓練計畫應和短期計畫相結合。多年計畫的訓練目標可由年度計畫細分的月計畫和週計畫去實現。保持連續性的訓練計畫會反映在不斷取得的練習成績上，也有效地保證了進一步訓練的延續性。多年訓練計畫和短期訓練計畫的結合不僅適合高水準的練習者，同樣適合初習者，只是兩者起點不同而已。

在教學訓練中，教練員應經常強調訓練內容中的重點。無論在平日測試還是在其比賽之後，教練員都要及時指出練習者所取得的進步，認真比照其訓練的水準和訓練應該達到的目標，對於出現的問題，教練員要及時調整訓練計畫和方法予以克服。

16／ 如何進行截拳道的教學工作？

教練員在面對截拳道的學員時，首先應當明確訓練的

指導原則、安全措施，以及進行截拳道教學的方法。對於初學者，要指導他們盡可能排除人為形成的傷害事故，不能在訓練場地或擂臺上隨意使用有可能傷及對方的不符合規則的招式。

教練員應根據練習者的身高、體重、接受能力、技術水準以及年齡等狀況的不同進行合理的訓練安排，這是非常有必要的，將有助於教學任務的順利完成。

在搏擊比賽開始之前，教練員應對學員進行武德教育，要求參賽隊員在力爭取得好成績的同時，不能違反規則、做出不允許的動作而傷害對方，不能恃強凌弱。

理論傳授也是截拳道重要的教學方式之一。理論教材的選擇，要符合練習者的實際水準，難度過深或過淺均不妥。理論上的講解要抓住難點和針對性強的問題來進行。講解時用語應準確、形象、恰當，並具有感染力。

正確的形象示範比口頭描述更具有直觀教學作用。教練員的準確動作示範，可以使練習者更好地瞭解所學動作的特徵、結構、要領、拳理和方法，使練習者由直觀的感性認識去獲得正確動作的概貌，從而提高練習者的學習興趣，激發他們的學習積極性和自覺性。

講解和示範在教學中可以互為補充，有效地結合。應根據不同的教學物件和狀況，採取先講解後示範，或者先示範後講解，也可以邊講解邊示範。一般情況下，針對初學者多以直觀的示範為主，對於水準較高的練習者，則以講解為主。

訓練開始前，應按照練習者的技術水準分成若干組，

每組由一名負責人進行管理，因為各組練習者水準相當，可以有效消除他們的畏懼情緒，提高訓練效果。

準備和整理活動，在任何層次的教學訓練中均不能忽略。

準備活動是使隊員在較短時間內儘快投入認真訓練的先決條件，可以調動和激發隊員的學習積極性，使他們精力充沛，從生理上和心理上做好學習的準備。

準備活動的好壞，將直接影響本次訓練任務的完成情況。準備活動對增強體質，並儘快地掌握技術、知識以及預防受傷等都有重要的作用。

整理活動的任務是有計劃、有組織地結束教學或訓練，使練習者從生理上和心理上逐漸地放鬆，恢復到正常的安靜狀態。

17／截拳道的主要訓練有哪些？

截拳道技法訓練大致分為四個部分。

第一部分是以手法為主的打法，也就是基本拳法和掌法、肘法。

第二部分是踢法，即以各種踢擊技巧組成的踢擊方法。

第三部分是摔跌法。第四部分是擒法，是以擒鎖為主的技法。

截拳道技法的特點是在搏擊中將打、踢、摔、拿等技術有機地結合起來進行攻防應用。

18／ 在截拳道比賽中需要注意什麼問題？

截拳道比賽是爭奪時間和空間的格鬥。要戰勝對手，並非僅憑一身力氣進行毫無章法的打鬥，尤其在雙方勢均力敵的情況下，更要憑藉變化和智慧。

一、進攻和防守

想在搏擊中把握主動權直至奪取勝利，必須展開靈活快速的進攻，動作應敏捷果斷。進攻動作是由一系列踢打動作組合而成，而在踢打時需採取多樣化的戰術打法。但在進攻時也不能忽視防守。進攻和防守是對立統一而密不可分的整體。

防守是在搏擊中採用動作實施格擋、躲閃等，以避免被對手踢打擊中。防守時的反應必須快速。

二、比賽中的思維活動

參賽隊員在變化莫測的比賽過程中，思維活動過程極為短暫，刻不容緩，需要隊員在暫態作出準確的判斷和反應，並迅速決定下一步採取的動作和步驟。

比賽過程中的思維活動不能呆板遲鈍，平日就應培養出能夠在複雜的比賽中進行快速思考和反應的能力。

三、對不同對手採用不同打法

截拳道比賽中，交手雙方在賽場上充分展示自己的攻

防格鬥的技巧，全面體現各自的技擊特點。為了適應這種激烈的攻防節奏的要求，要求隊員根據不同對手的特點而採用不同的戰術打法。

戰術本身是靈活的，截拳道的招法也是複雜多變的。為了提高戰術打法的應變能力，應根據自身條件和所掌握的技術水準的情況，形成自己擅長的打法，並在搏鬥中揚長避短，發揮自身優勢。

19 如何練出截拳道的技法風格？

截拳道不僅是一種技擊的方法，它在教人技擊時，還使人獲得了健身作用。但是，它的技擊方法與其他門派的武術還是有許多不同的地方。截拳道有自己的攻防特點和打鬥風格，因此，在練習中要注意它區別於其他拳種的動作技巧。

截拳道是一種綜合的技擊搏擊法，每一伸手出拳或踢腿，都是完整的攻防的招式，具有明顯的搏擊特點。

它要求發拳踢腿的動作必須簡捷、直接、快速。身形隨動作的變化要有鬆有緊、有輕有重、剛柔相濟。發拳踢腿時身心合一，上下協調，全身動作配合嚴絲合縫。不僅動作技巧的配合協調完整，還要在練功中掌握技法的運動節奏，不要一味地狠打狠鬥。

要熟練地掌握動作的發招和收回技巧，注意運用呼吸配合出招的勁力。

較熟練地掌握了截拳道的技法後，還要學會深刻地自

省和領悟，朝著自己確立的方向發展並力圖超越。不要只限於一種習練模式，而要學會自由地運用各種動作技法，並且具備以不變應萬變的自信心態。

20／怎樣及時了解訓練的運動量？

訓練中及時瞭解練習的結果，對於提高訓練的效率有著顯著的影響。在瞭解自己的練習狀況時，把握準適當的運動量，可以幫助在訓練中發現一些缺點和錯誤的習慣，給予及時糾正。

怎樣把握適當的運動量？每個練習者的體質各有差異，我們在訓練後常常感到肌肉有些酸痛，有些練習者的四肢或部分肌肉有些腫脹，這都是訓練中正常的生理現象。特別是在初期訓練中，隊員基本都會出現肌肉腫脹酸痛的情況，但此時不要停止訓練，而應繼續堅持練習。但當練習中身體的局部疼痛持續較長時間時，便要適當減少訓練，以預防疼痛的加重形成肌腱炎症。

降低運動量後繼續訓練時，身體沒有持續的疼痛感，可以繼續練習。練習者如運動後精神清爽、睡眠深香，都是訓練量適宜的表現。

如果疼痛持續，興致降低，睡眠不足，食慾不振，多為運動量超過負荷，此時就應調整訓練量，以恢復運動疲勞。練習者還可以由測量脈搏、血壓和體重來瞭解自己訓練時的運動量大小。

21／截拳道訓練中應當注意什麼？

截拳道比賽中，經常會出現第三局時隊員力不從心而被動挨打的局面。究其原因，是日常訓練中一些問題未引起足夠重視造成的。那麼，訓練中應當引起重視的問題有哪些呢？

一、提高訓練強度，增強搏擊耐力

一個人在搏擊中總是處於被動狀態，與平時的訓練強度不夠有一定關係。所以，在日常訓練中應加強訓練強度，可以有效提高實戰的耐力。但是，強度較大的訓練內容不能連續安排，而應注意節奏，防止隊員因疲勞過度而出現傷病。

二、訓練步法靈活，掌握時機距離

把握時機的能力和距離感是每一個截拳道練習者所必須具備的。在搏擊比賽中經常可以看到，有的隊員出手發腿時根本碰不著對方，成為空發動作。這種情況所顯示的就是無效距離，不僅大大浪費體力，而且在動作擊空後收勢時，又正好給了對方趁勢反擊的機會。此外，好容易找到了戰機，卻又不能由靈活的步法快速近身反擊，以致貽誤了戰機。因此，在訓練中一定要注意合理把握時機和距離，要能夠敏銳地判斷，還要有靈活的步法。

步法及距離的訓練參閱本叢書相應的訓練部分。

三、注意攻防搭配，加強防守訓練

搏擊比賽中有些人經常出現不防守現象，具體表現為只顧直衝進身，亂拳互搥，造成兩敗俱傷，白費體力。因此，在訓練中要非常注意防守技術的練習，採用各種防守訓練方法以提高這方面能力。

僅為防守練習防守並不是終極目的，而是為了更有效地保護自己，進攻對方。此外，還要注重攻與防的結合，做到防後即攻，攻中有防。

20／怎樣及時了解訓練的運動量？

在截拳道訓練中，應隨時注意檢查各階段自己身體的反應狀況。透過經常性的觀察，在訓練和教學中便可以確定合適的運動量。大運動量的訓練要消耗大量的體力，每次訓練結束後，練習者一般都會出現疲勞感覺，這是一種正常反應，稍作休息，此種疲勞感覺就會自然消失。

不過，由於沒能合理地分配自己的體力，以及進行不正確的訓練，練習者就會出現過度疲勞的症狀，有些人為了更快地掌握技巧，違背科學訓練原則，進行超負荷的訓練，也會引起過度疲勞反應。

如何自我監督和把握運動量呢？首先，在訓練時注意不要過度緊張，因為過度緊張會引起機體平衡能力的破壞。過度緊張大部分是因為過度的耐力訓練或激烈的實戰訓練引起的。練習者自己或在教練員的幫助下制定出適合

自己進度的訓練計畫，以防止產生過度緊張。

其次，過度訓練性疲勞，多來自於重複單調的練習，這還會使練習者感到既乏味又煩惱，常令練習者由此而降低對比賽的信心和責任感，變得急躁不安。

在教學中發現這些疲勞症狀時，應指導練習者立即停止訓練，待疲勞症狀消除後再恢復訓練。

23 / 如何理解搏擊中的虛實？

截拳道指出，能否有效運用虛實，決定著招法是否靈活和搏擊的勝負。虛是招法的巧變之源，實是招法的發力根基。在搏擊時，如右手出招為虛，後手即左手準備實打，則為實（圖1～圖4）。招法不僅有虛實，且虛中含實，實中含虛，發出攻擊要有餘力收回，由虛招變實打，再由實打變虛招。這樣若實打出招落空，可以緊接著以虛招補救，虛招補救得逞，又可以以實打快速追擊。

圖 1

圖 2

圖 3

圖 4

虛實分明，招法的運用則會變化萬端，體現出剛與柔。虛是空，也就是無，實便是有。不僅自己要分清虛實和招法轉換，還要學會觀察對手的招式，判斷對手動作招法的虛實，採取相應的避實就虛招法進行攻擊或反擊。

24 怎樣把握好臨場的心理狀態？

一個有著良好的身體素質和技法的拳手，臨陣時會顯得自信和輕鬆，而一個新手在上場時，則可能會產生精神緊張，表現為身體發抖，甚至噁心反胃。這是一種正常的生理現象。

在截拳道賽場上，如果沒有良好的心理狀態，就難以在搏擊中控制自己，心理上的不良狀態造成精神緊張，導致肌肉僵硬，搏擊的招法動作也變得不協調，無法充分發揮往日的訓練水準。

怎樣才能把握好心理狀態呢？

在與對手搏擊前，應設法瞭解對手的一些基本情況，包括實力、個性及技術特長等方面，同時，要在賽前觀察對手的變化，瞭解對手情況。如果發現對手比自己強悍，要設法消除對對手的恐懼心理，尋找對手的弱點，以自己的長處實施有效攻擊。賽前要樹立信心和勇氣，提高自己的攻防意識，緩解不安的情緒。同時要克服輕敵思想，重視對手的特長。

心理狀態調整到良好狀態，使練習者在需要時可以最大限度地發揮自身能力。

25／ 截拳道講究身心六合嗎？

截拳道技法是講究身心與四肢的六合的。詠春拳中已指出練拳必練六合。它們是心與意合、意與氣合、氣與力合、肩與胯合、肘與膝合、手與足合。它們之間心與意、意與氣、氣與力又為內三合，肩與胯、肘與膝、手與足又為外三合，內外相合，謂之六合。

心與意合是說心欲動意則領，心欲止意則為之而斂，心與意的配合嚴謹，攻擊則不會遲疑不定。

意與氣合就是以意領氣，氣隨意行，意欲往氣必到。

氣與力合指內氣和內勁與外氣和外力相配合的運用。

肩與胯合將使動作穩如泰山，根基穩固。

肘與膝合指左肘與左膝配合，右肘與右膝配合，還可以左肘與右膝配合，右肘與左膝配合，促使身體動作轉化靈活敏捷。

手與足合不僅指手與足的技巧相合，更要配合勁力。

六合運勢基本要求是手一出，背催肩、肩催肘、肘催手；腳一伸，腰催胯、胯催膝、膝催腳，從而使得出拳發腿勁力順達。截拳道技法的運用處處暗含六合之巧。

26／ 「勁貫神集」是什麼？

截拳道中「勁貫神集」的含義和傳統武術中的「內外合一，形神兼備」有些相似，不同之處是截拳道把傳統武

術的身心合一的精神直接運用於實戰搏擊。

「神」是指人的精神和心靈的東西；勁是神經和肌肉的統和能力。無論是練功還是搏擊，勁貫神集就是要發揮出這種精神和肌肉的統和能力。

每個練習者的情況是不相同的。一些練習者容易緊張，造成訓練時動作呆滯。這種情況一般不是訓練方面的問題，而是練習者的神經與肌肉的統和不好，也就是未能達到勁貫神集的水準。要獲得這種勁貫神集的狀態，需靠後天的努力訓練。

勁貫神集的完美境界就是神經與肌肉的協調性高度統和，它能使日後的練習動作更準確、靈巧、敏捷。肌肉本身沒有什麼引導能力，其運動完全受神經支配，搏擊的有效攻防、動作及速度完全是神經組織的刺激反應。能夠在日常訓練中把握這種神經與肌肉的統和，能使任何動作發招自然迅速，並能控制速度的快慢，把握攻擊和防守的節奏。

27／ 什麼是「寸勁」？

「寸勁」在截拳道中是指瞬間的爆發力。截拳道的寸勁拳就是很好的例子。寸勁拳在發招時，身體肌肉充分放鬆，然後猛烈地快速收縮肌肉。在收縮肌肉的同時，身體各部位關節、肌肉都是不斷變化的，然後由自然姿勢猛然出拳，並翹動腕、臂。

具有爆發力的寸勁的力量大小取決於肌肉收縮的速度和力量。單靠出拳或踢腿是不夠的，必須以全身肢體和肌

肉相配合。關於肌肉的收縮速度，從人體生理上看，先以準備性動作放鬆，促使關節屈曲充分，動作時所需肌肉群的拉長就較充分，在實施動作時增大肌肉的收縮幅度，使動作更具爆發力。

不過，在沒有做好充分的準備之前，不要用爆發力進行擊打出招訓練，以防傷及身體。寸勁的練習是全身動作的協調配合，練習中必須有準備，適度放鬆肌肉，精神集中，配合動作。為增強寸勁力量，應在出拳或踢腿距目標數寸距離時，吐氣發力攻擊。

28／ 出拳發招為什麼要配合發聲？

截拳道訓練時，要求嘴基本上是閉合的，下頜微收，用鼻呼吸。訓練中不必練習配合出拳發招時的張口發聲，張口發聲會使體內熱氣外散，形成內氣虧損和呼吸不均勻。

比賽時截拳道的發聲有三種情況。

第一是發出的吼叫聲可立刻振奮精神，增強肌肉的抵抗力，並可借助發聲、貫氣、提勁，做到氣到勁到，以氣增勁，加強身體的抗擊打力。

第二是有助於出招發力，瞬間的發聲可爆發出身體的整體勁力，激發體內潛能，發聲的瞬間屏氣，增加胸腔內壓，加強了骨骼的張力，配合出招的力度。

第三是借助發聲震懾對手，打亂對手的思維和意圖，壯己神威，從而保護自己。

29 如何訓練身體的柔韌性？

柔韌性練習的效果不僅取決於人體骨關節結構、關節周圍組織的大小及胯關節的韌帶、肌腱和皮膚的伸展性，還取決於中樞神經系統對骨骼肌的調節功能，特別是對對抗肌的協調功能。

此外，有時肌肉的緊張與放鬆的調節能力也會產生負面作用。柔韌性練習效果好，可增大關節的運動幅度，提高動作技巧，還可減少運動損傷的發生。

圖 5

柔韌性的練習，稍顯枯燥和單調，有時還伴隨著疼痛感。但是，練習者只要參加截拳道訓練，就必須練習柔韌性。這需要良好的意志品質和頑強的毅力，持之以恆地強化這種訓練。

肢體的柔韌性練習動作分為壓腿（圖5）、劈腿（圖6）、吊腿（圖7）、

圖 6

扳腿（圖8）、控腿（圖9）、踢腿（圖10）6種。這6種

圖 7

圖 8

圖 9

圖 10

方式主要是練習下肢的柔韌性，鍛鍊腿部的股二頭肌、半腱肌、半膜肌、小腿三頭肌、髂腰肌等肌腱及關節筋膜的韌性和伸展機能。上肢的柔韌性練習方式比較多，可根據自身條件選擇適當有益的方法進行訓練，此外還有腰部的柔韌性練習。

練習開始前最好先做些熱身動作，做好充分的活動準備，訓練中不要一味壓拉腿或手，還可以配合做些技術動作的練習，做到動靜結合。不要只練習肢體的柔韌素質，還要同時加強速度、力量、靈敏的協調訓練。

30/ 年齡偏大還能發展身體的柔韌性嗎？

不少年齡偏大的青年在接觸截拳道時，擔心是否還能進行柔韌性的練習，或者訓練後沒有明顯效果。可以說，不必有太多顧慮。同樣進行柔韌性的訓練，區別只在於年齡小些的人訓練後進步較快，短期就有效果。年齡偏大的人則進步稍慢些，如果強力拉壓韌帶容易感到疼痛。不過，他們依然可以進行柔韌性練習，只要堅持，同樣會收到效果。

人們希望自己柔韌性較好，無非是想更好地把握踢法的特點。建議，年齡偏大的青年如果感到柔韌性進步較慢，不妨直接習練踢法。可以選擇動作幅度稍小的低位踢法進行訓練並加強手法的練習。如果有決心堅持進行柔韌性練習，也要瞭解自己身體柔韌狀況等生理結構，有針對性地進行訓練。經常堅持鍛鍊，神經系統也會隨之得到改

善和調節，配合身體的放鬆，使韌帶、肌腱及肌肉的伸展性不斷提高，進而使關節運動幅度加大。

31/ 怎樣安排柔韌性訓練的時間？

人人都有各自的工作要做，不是每天都有許多時間來進行訓練的。如果因工作忙碌或其他事情影響，就要注意安排柔韌性的練習時間和方法。一般情況下，上午練習柔韌性的效果最好。如果工作較忙的話，也可以安排在早晨。如果只有晚上有訓練時間，應當在身體沒有疲勞感的情況下才能進行，且運動量不要過大。

柔韌性的練習方法有很多。有條件時，可以系統進行柔韌練習，但如果時間緊張，可以選擇在早晨。清晨剛睡醒，身體的柔韌性是一天之中最差的，可以先做一些熱身的動作，感到肌肉的柔韌性有明顯變化後，就可以進行練習了。練習的姿勢必須正確，不要操之過急，以免由於用力過猛而造成肌肉、韌帶拉傷。做壓拉等柔韌動作時要儘量放鬆肢體，使關節舒展開來。冬季最好在室內練習，並要做充分的熱身動作。夏季和秋季，天氣溫暖，身體肌肉鬆弛，彈性好，更適合練習柔韌性。

32/ 練功為什麼要做到姿勢正確？

練功所追求的技巧不是身體某個部分的簡單、機械的運動組合，而是習練者的有目的、有深度的活動。無論做

一個單獨的還是複雜的練功動作，日久天長，這種動作就會從有意識的記錄轉變到自發狀態中去。但是，當已將諸多練功方式和動作技巧在大腦中建立了鞏固的動力定型，神經過程的興奮與抑制集中起來，掌握的一系列練功方式也形成了完整的有機系統，這時才發現，自己某些練功姿勢不正確，前期也未能及時進行糾正，伴隨著長期的訓練，練功的效率往往提高很慢，技術上不規範，形成錯誤的動作定型，嚴重者，將極大地妨礙自身水準的提高。

因此，從一開始進行入門習練時，就必須高度注意姿勢的準確性，從而為提高練功效率創造條件，打好基礎。訓練中，要反覆對各種練功姿勢認真把握和認識，這種體會越深入，動作姿勢掌握得就越好，才能更快地進入到新的訓練內容中去。

33 怎樣練習截拳道的警械椿式？

截拳道的警戒椿式並不是擺好一個姿勢就固定在那裏不動了。警戒椿式和傳統武術的馬步椿式也不相同。練習警戒椿式必須做到動靜結合，才能在比賽和實戰中產生運用自然和應付突變的作用。

截拳道的警戒椿式分為靜練和動練兩種方式。靜練的方式，是指擺好身體姿勢後，兩腳站立一段時間，體會腿部力量和兩腳的穩固性。兩腳可以交換動作進行練習（圖11、圖12），即在馬步定型消勢時直接移動身體重心換腳。

圖 11

圖 12

　　動練的方式是由警戒樁式起，運腳移動步型，進行步法練習，體會由樁式移腳換步的動作感受，提高樁式由靜止到移動的變化能力。

　　警戒樁式採用動靜結合的訓練方式，有助於提高由樁式到移動或變化出招的速度和靈敏性。這種練習法在初習時會有些彆扭，開始時可以稍做些活動雙腳的練習動作，再開始練習警戒樁式。

　　練習警戒樁式由靜到動變換步法時，兩腳在快速變換中要控制好身體重心，力求兩腳的靈活和穩固。如果在移位中重心不穩固，則要檢查自己是否出現了錯誤動作，是否符合換步移位的基本技術要求。

34/ 怎樣做到身體上下的協調配合？

出拳發腿時能否做到身體上下的配合協調，是掌握截拳道功夫程度深淺的體現。能夠使身體上下完美配合，出拳發腿就會釋放出全身的整體勁力，使自身力量得到最合理的運用。在出拳時，腳扣地穩固，腳趾抓地，以腿部之力蹬地，發勁於膝，傳於腰，腰一轉動發於肘，最後達於手，完成發勁過程。此一出拳動作，有一定基礎之後，主要注意力就不要放在拳頭上，這時應考慮的是身體上下是否配合協調，如果協調，身體的整體勁力就會由手而表現出來（圖13）。

練拳、出招的身體配合要求都相似。首先要熟練地掌握出拳發腿的用力順序，使身體上下協調一致；其次出拳發腿的準備動作要放鬆，在拳、腿抵達目標的瞬間突然收緊，使身體上下配合的整體勁力通過拳或腿出發；其三要注意呼吸與發招的配合，發招時自然呼氣，擊中目標後突然屏氣。

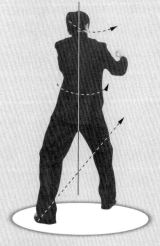

圖 13

35/ 出拳發腿時為什麼要配合呼氣？

截拳道出拳發腿時呼吸配合協調，發勁就會順暢。發勁時配合呼吸很重要，因為呼吸方式不同，肌體也會產生不同的生理變化。

出拳發腿時不能憋氣，一憋氣會引起胸腔內壓上升，靜脈回心血量隨之減少，對心血管循環系統造成較大影響，進而使肌肉的緊張度增加，不利於肌肉的運動。也不能採用吸氣的方式，只有運用呼氣的方式，才會使出拳發腿勁力順暢，動作迅速有力。

運用呼氣配合出拳發腿，血液則會順暢回流心臟，能夠及時由動脈到達頭部，頭部有足夠的血流供給，則能使神經中樞持久工作。

出拳發腿時呼氣，腹腔內壓隨之增大，使膈肌和內臟上提，造成了腹部的暫時緊張，增加了出招的力量。

36/ 截拳道技法怎樣與呼吸相配合？

截拳道技法運用時，如與呼吸配合不好，會使練習者出現呼吸短促，身體缺氧，出現出拳和發腿時力不從心的現象，也體現不了截拳道講究的精神與身形的整體協調。

正確的呼吸方式是從警戒樁式時起，放鬆身體，採用自然呼吸，用意識迫使呼吸氣體降至腹部，腹部要沉實寬鬆，身體重心穩固。準備出拳或發腿時，吸氣蓄勁於腰

腹，動作發出時和呼吸同步。在動作突然停止或在伏身起落時，可採用由慢到快的半吸氣方法。準備縱跳出招時，收腹吸氣，使胸部和頸部收縮，身體重心提升，快速完成縱跳動作，然後恢復自然呼吸。

37 / 如何練習掌法？

截拳道以掌攻擊的方法較多，不僅有劈、砍、插、按的打法，還有各種自然出手的打法，如鶴掌（圖 14）、垂掌（圖15）、鶴爪（圖 16）、平掌（圖17）、八字掌（圖 18）等。如何

圖 14

圖 15

圖 16

圖 17

圖 18

把掌法攻擊運用的勁力發揮出來是練習的關鍵。

掌法的練習方法。首先要從警戒樁式起練習最基本的出掌動作，基本動作熟練後，練習從警戒樁式收手或擊出的發勁法，欲出掌時，放鬆身體及腕、臂，在突然發招出掌並且手臂伸直的一瞬間，凝聚勁力於掌指。出掌用勁要配合好呼吸，樁式放鬆時吸氣，以意引氣納入腹部丹田。欲發掌時，放鬆手腕，沉肘、沉肩，腰腹順丹田氣含力蓄勁，腳一踏地手就發出，腰腹勁力貫至胸椎，發於肩、肘，催於手而擊出。

以正確的姿勢和意識的配合出掌之後，再進行掌的硬功練習，用指掌插沙或用掌擊打小沙袋，提高手掌的硬度，使掌部的筋骨、表皮得到拍打鍛鍊，增加出掌的勁力和靈活性。

截拳道的掌法水準提高後，還要配合全身的姿勢運用，出手成掌攻擊要快，進步時腳踏地有狠勁，退步引領收手時身法要敏捷。

38／怎樣防守對手的拳法攻擊？

搏擊中，對手如果突然以拳法進行攻擊，一個沒有經驗隊員會對此難以防禦，很難避開擊打。為了有效地防守對手的突然擊打，除透過日常訓練提高身體抗擊打能力之外，還要在搏擊時注意觀察對手採用何種拳法。

在對手出拳時，一定不要習慣性閉眼，而要緊盯對手來拳之勢，觀察對手出拳的動機和時機，隨之決定進退或

反擊。對手出拳後，要抓住對手的弱點，以格擋或其他手法消解其攻勢。反擊屬於後發制人的方式，是冷靜判斷後的果斷出擊。

拳法一般的擊打目標為頭、頸部和胸、腹部，可以採用手肘格擋和躲閃法以防守對手的拳擊。手肘格擋在截拳道中又稱為接觸式防守，躲閃技法則屬於不接觸式防守。

由警戒樁式起，對手準備出拳（圖 19），我方盯住對手的拳勢，在對手接近的瞬間，迅速用前手防護，並以後手出招，向對手腕、臂用勁拍擋開去，消解了對手的攻擊（圖 20）；如果對手以左手出拳攻擊，我方以右手，也就

圖 19

圖 20

是前手屈肘擋開對手拳勢，使對手攻擊手偏離方向（圖21）。格擋對手拳法的動作要在實施時準確快速地發出。

採用搖晃動作躲閃對手拳擊，也比較實用，對手以擺拳或勾拳攻擊時，我方控制身體俯身躲閃（圖22），繞過對手拳勢路線（圖23），晃動身體，兩手一先一後反擊對手（圖24、圖25）。

圖 21

圖 22　　　　　　　　圖 23

圖 24　　　　　　　　　　　圖 25

39／ 怎樣訓練步法？

　　步法的移動必須靈活，然後才能做出攻防的動作。怎樣才能練好步法？截拳道指出，要從實際出發，力求簡捷、高效，並在簡練中求靈活，在移動中求穩健。訓練步法可以分幾個步驟進行：

動作練習

　　對著鏡子，每一種步法分別移動練習多次，待動作熟練後，將幾種步法混合練習。例如，向前滑步連接向後滑步，向後滑步連接側步，側步連接碎步等。練習時不要心急求快，而應由慢到快，循序漸進。

彈性帶練習

　　練習者兩腳間繫一條彈性帶，兩腳間距約與肩同寬，

圖 26 圖 27

然後進行各種步法練習（圖 26）。

沙袋練習

以警戒樁式站立，與吊掛的沙袋相距約一臂長。以前手擺動沙袋，隨著沙袋的擺動，做滑步或碎步等步法，進行躲閃晃動的沙袋的練習（圖 27）。

輔助練習

採用不同方式的跑步練習，以提高腿部的移動頻率和力量；或者用腳前掌做走、跳練習，鍛鍊腿部的平衡控制能力。

40 / 怎樣練習好截拳道的踢法？

截拳道的踢法是指腿腳的柔韌性、靈活度、速度及力

量等身體素質的有機綜合和運用的能力。想練好踢擊技法，就要進行專門的腿部素質訓練。一般以壓腿（包括正壓、側壓、後壓技巧）等進行柔韌素質練習；以壓腿之後的前踢、邊踢、後踢等踢腿做提高靈活性的練習，並提高腿踢的速度；還有踢沙袋和踢木樁的練習，以增強腿部的發招勁力和功力。

以上為踢法的基本練習方法，在此練腿法的基礎上，還可以配合專門的輔助練法，以循序漸進地提高腿法功夫。

專門輔助練踢法用下面幾個步驟進行：

腰部練習

腿部柔韌性得到鍛鍊後，再進行腰部柔韌性練習和腰腹力量練習。腰部練習可選擇前俯腰（圖 28）和彈腰（圖 29～圖 31）練習，或選擇其他有效的訓練方法。

圖 28

圖 29

圖 30

圖 31

控腿練習

一腿支撐身體，一腿前伸踢出（圖 32），控制發出之腿懸空不動，並保持數秒。待身體疲勞時，換另一支撐腿做控腿練習。控腿不僅鍛鍊了踢擊腿的功力，同時又增強了重心的穩固性。

腿踢硬功練習

以各種踢法踢打固定的或懸掛的沙袋（圖 33），練習腿腳踢擊的縱深性和滲透力，磨練腿腳的硬度，使其肌肉、筋骨、皮膚增強抵抗能力。

腿踢距離練習

可懸掛輕型沙袋，從警

圖 32

圖 33

圖 34

戒樁式出腿把握距離踢打沙袋練習（圖 34）。練習踢腿把握距離感的練習，能培養踢腿擊中目標的準確率，發揮踢擊效果。

41 練習踢法為什麼要掌握正確的姿勢？

截拳道技法中運用踢擊技巧，無論是訓練還是搏擊，都要求姿勢正確。姿勢正確，腿腳踢擊動作小，體力花費不太多，並較易達到目的。

不僅在訓練中要求姿勢正確，還要注意在搏擊中踢腿時勿使對手擒住我方已踢出的腿腳，同時要體會踢擊之腳是推出的感覺還是彈出的感覺。動作姿勢正確時，還應掌握踢擊的著力點，也就是腿腳所使用的踢擊部位（如腳尖、腳掌、腳脛骨、腳內外側、腳踵等），採用高位踢法並學會同時控制自身平衡，以及肌肉的配合協調。

要使踢法姿勢正確，以有助於訓練效果的增進，應在出腳前保持高度的戒備之心；保持身體放鬆，踢法簡練、直接，把握出腳速度；在變換腳法或移步時要形成嚴密、無懈可擊的防守。

42 如何訓練前踢？

這裏提出的前踢訓練法是讓練習者明白，截拳道的前踢技法實際上包含了好幾種踢擊技巧。

從警戒椿式起，發腿前低段刺踢，勁力達腳尖或腳前掌，此種踢法用於直接踢擊對手膝關節脆弱部位（圖35）；向前的彈腿踢，勁力達腳尖，踢擊目標為襠部（圖36）；用腳跟或腳掌的向前踹踢或踹蹬（圖37）；向前、

圖 35

圖 36

圖 37

圖 38

圖 39

向上的踹蹬（圖 38）；向前、向上的刺踢，勁力達腳尖或前腳掌（圖 39）。

　　練習前踢要從警戒樁式開始，由慢到快進行。每個踢擊動作要注意提膝緊接著就踢出腳，不要把提膝和踢腳分成兩步來做。還要注意準備發腿前，身體要適度放鬆，精神與肉體要協調，這樣，有益於腿擊的勁力。其他的訓練方式可以參考踢擊法相關內容去練習。

43 / 如何運用側踢？

截拳道的側踢法不僅要掌握動作的規格、勁力及身法的協調，還應經常改變訓練手段，多進行模擬實戰練習，以增加側踢的實用性。即使側踢訓練熟練後，也不能在搏擊中使用單一的側踢技法。直接出腳攻擊，易被對手防守並反擊，應用時應學會配合手法或其他踢法等。

如何才能運用好側踢呢？在掌握了此類踢法後，應及時發現對手的空檔（圖40），或採用手法誘擊對手頭部，當對手注意防護頭部時，他的腹部或下肢就會出現空檔，即防護上露出破綻。把握住這一點，可以調整腳型及步法，對距離作出準確判斷，一旦對手進入有效的打擊範圍，不要放過時機，時機把握得好，即可提腳準確地踢擊對手（圖41～圖44）。

圖 40

圖 41

圖 42

圖 43

圖 44

44／出腿踢擊被對手擒抓應該怎樣解脫？

搏擊中腿腳的踢打招法應用較多，在出腳踢擊時被對手擒住腿腳，該如何解脫呢？

首先，出腿動作必須具備良好的基本功，能熟練運用踢法，並能控制自身平衡的穩固。善於發現對手動作的破綻，把握出腳的時機。一旦出腿被抓擒住，就要迅速設法解脫，稍有遲疑對手就會抓住戰機，從而被對手擊倒或摔倒。解脫被擒住的腿腳，首先盡可能地屈膝，拖延時間，尋找脫身機會，兩手可猛然扭住或抱住對手的頭頸反擰，使對手因劇痛而鬆手；或者主動跌倒在地，迫使對手俯身時，用一腳踏蹬或掃踢對手頭、頸部，擊跌對手；也可以以支撐腳踏跳起踢踹對手頭、胸、腹等部位，從而徹底解脫對手的擒抓。

45／如何運用掃腿？

截拳道所採用的掃腿攻擊主要用於破壞對手身體平衡，或者擊跌對手。要使掃腿運用得法，需動作速度快、時機和距離把握準確方能奏效。掃腿也可以與其他招法配合發出，從而提高腿擊的踢打威力。

掃腿一般運用後腳擊出者較多。與對手對峙時，最好先誘擊對手（圖45），誘使對手出腿攻擊或移動重心（圖46），待時機一出現，可以兩手扶地，配合擰腰快速掃擊

圖 45

圖 46

圖 47

圖 48

對手（圖 47）。攻擊時出腿要迅猛、突然，令對手措手不
及被掃踢倒地（圖 48）。

46／ 腰部訓練重要嗎？

　　腰部在練功中是一個很重要的人體部位，也是運動中的主軸。腰部一般指胸、腹之間部分及腹後壁部分。腰部是連結上下肢運動的樞紐，它對於全身的運動變化和勁力的推放都起著決定性作用。

　　截拳道在技法中要先做到放鬆，才能擰轉勁力，再做到沉腰，馬步才會穩固，呼吸氣才能下沉於腹部，兩腳扣地更牢。腰部應隨人體自然姿勢挺起，上身就會直而有力。達到這些基本要求，再訓練腰部的柔韌和靈活。

　　腰部的運動能力較好，則能協調配合手、眼、身法、步的完整練功，才能體現出拳和踢腿的整體勁力。如從警戒樁式起出拳的動作（圖49），在腰一擰轉時（圖50），

圖 49

圖 50

圖 51　　　　　　　　　　圖 52

前肩就會前送（圖51），加長了出拳的攻擊距離；接著腳
的快速踏地蹬勁、挺膝、擰髖，藉由腰的調轉，把勁力傳
於肘、手。這個出拳動作指出了腰部的運用的重要性。練
功中必須鍛鍊腰部的靈活擰轉屈伸，增強技法的起伏翻轉
技巧及需要的運動幅度，使技法上上下下相隨，協調多變。

47／ 收腹在截拳道中有什麼作用？

截拳道要求身體姿勢中腹部稍收縮（圖52）。收腹
時，自然就會挺胸。收腹的意思就是收縮腹部肌肉，使腹
壁向內縮。腹部收縮時，腰部就自然表現出沉或塌的姿
勢。收腹的動作有助於挺胸，增強手臂發招攻擊的勁力。
但注意收腹不宜太緊，太緊會影響內氣的下降，阻滯腹部

配合胸部的腹式呼吸。

腹部稍縮時，肩部及背部肌群適度放鬆，兩肩胛略有前扣之意，這樣表現出拔背的姿勢，促進手臂的前伸動作。

48 / 何謂「韻律」？

在截拳道中，「韻律」的意思就是兩個技術不相上下的拳手在搏鬥對峙階段，雙方都使用相同或相近的動作招式，形成了僵持不下的局面。兩者的攻擊和防禦動作皆相同，就是搏擊時的「韻律」。

當「韻律」形成後，只有一方以速度的優勢先發制人，才有可能突破這種僵局。但是要注意，只要其中任何一方的韻律遭到破壞，速度就不再是決定攻擊或反擊得失的因素。

動作的韻律形成之後，如果雙方的連續招式使得誰也無法打開局面，只能有一方設法打破定型的韻律，那麼，這一方就必須能夠以微妙的片刻遲緩或者出其不意地發招，才有可能取勝對手。

在保持韻律的狀態下而遲緩片刻，緊接著出現突然的變化，會令對手因措手不及而遭到攻擊。

處在韻律中，有時時間的控制會受到許多假動作的影響。對手在遇到假動作後，會引起他的反應並採用消截動作，保持的韻律因此而被改變，此時便是發起攻擊的良機。如果對手在韻律中做假動作或者突然攻擊，此時我方應將計就計，假裝誤入圈套，以減少對手的警覺心，然後

趁機反擊。

49 / 怎樣搏擊？

　　搏擊是對截拳道功夫的綜合實踐，是對練習者精神（心理）的實踐。怎樣在實戰中觀察對手，並在短暫時間裏作出正確判斷，分清虛實，進行防守和進攻，這就是搏擊的內涵。

　　搏擊有兩種方法：以不變應萬變、攻擊前或攻擊中的韻律變更。

以不變應萬變

　　以不變應萬變的單純攻擊最有效的前提是，對手採用系列虛招佯攻後，趁其防守上的虛隙強力反擊對手。對手遭到突然強勁的攻擊會顯得束手無策，來不及防禦。

攻擊前或攻擊中的韻律變更

　　攻擊前或攻擊中出其不易地變換動作韻律，突擊對手。韻律的變換是思考和觀察的結果。

　　截拳道在這兩種搏擊方法中演變出了多種搏擊的方式，大致上有虛招佯攻、引誘、聲東擊西法、簡單角度的攻擊、封手攻擊、漸進間接攻擊、配合攻擊、誘敵攻擊、貼身攻擊、回刺、反擊、重新攻擊等等。要使自己在搏擊中始終處於主動有利的地位，還必須使自己充分掌握協調、嚴謹、耐力、力量、平衡、敏捷、快速、時機等要素，並保持自信態度。

50 / 怎樣運用假動作？

　　運用假動作戰術的目的是欺騙對手，使對手對我方的身體動作出現誤判，這也是虛招引誘的一部分。

　　運用假動作所創造出的虛隙是極其短暫的，想利用此虛隙進行攻擊，只能用條件反射的動作並準確把握虛招所創造出來的對手的破綻，要做到這一點，惟有反覆訓練各種虛招。

　　假動作運用是否成功，關鍵要看假動作是否逼真，是否有很大的欺騙性。因而要求假動作速度要快，要有較強的表現力和威脅力，善於變化而又準確。一旦假動作發生作用，緊跟著便是乾淨俐落、實實在在的真打。在兩方實力不相上下的搏擊中，假動作運用熟練的一方往往取得最後勝利。

　　假動作的運用方法如下：

　　上打引手，下取胃門（圖53～圖55）。由警戒樁式發出的前手是佯攻對手的假動作，下實打腹部才是真正的攻擊。

圖 53

圖 54

圖 55

　　佯攻下盤，實取頭部（圖 56～圖 60）。與對手對峙時，身體移動，前腳提起做佯踢對手下盤的假動作，對手準備防護身體下盤時，頭部遭到了攻擊。

圖 56

圖 57

圖 58

圖 59

圖 60

上戳面門，下攻胸腹（圖61～圖63）。從樁式突然指戳對手臉部，對手遭到突然攻擊，慌忙抬手防護頭部，我方假動作一奏效，迅速扭動腰部，前腳猛然側踢對手胸、腹部位。

圖 61

圖 62

圖 63

戳擊引手，實取胸腹（圖64～圖67）。這又是一個指上打下的示範。先用前手戳擊，引誘對手防護臉部和頭部，在對手防護時，胸、腹暴露空檔，我方在收回前手時，後手已重重地勾擊而出。

圖64 圖65

圖66  圖67

51／什麼是「邊門消打法」？

　　截拳道採用邊門消打法的意思是避開對手的身體中線，而從身體的兩側攻擊對手。邊門也就是偏門的意思。

　　邊門消打法較容易運用，使用的機會也較多。運用時，順著對手拳勢移動，化解對手出招或洞察對手出招時，降低身勢，迅速移動到對手的一側，伺機進行反擊（圖68～圖72）。

圖68

圖69

圖 70　　　　　　　　圖 71

圖 72

52／什麼是「移位迫前法」戰術？

　　截拳道的移位迫前法也是一種戰術性打法。它是在一段距離內攻擊時最快接觸對手的方法，是使用最長的手法

和踢法去迫近對手的攻擊，或者攻擊離自己最近的目標。

採用拳法擊打時，移步迫前，一手拍打或擒住對手的手，同時以另一手指插戳攻擊對手的眼睛或臉部（圖73～圖75）。

運用踢法時，移步迫前，先以前手虛招佯攻，緊接著出前腳踢擊對手脛骨或膝部。

圖 73

圖 74

圖 75

53／ 怎樣在搏擊中運用連環腿擊法？

連環腿擊法在運用時，應隨機而發，招式搭配不能固定不動。運用連環腿要具有紮實的腿功基礎、彈跳力和爆發力、出招的速度、良好的控制能力和多變的戰術，以及搏鬥的勇氣和信心。

連環腿擊法是比較複雜的打法，它包括了技術、技法和戰術的運用（圖76～圖83）。根據圖中顯示，由警戒樁式開始，我方稍動前手試探對手變化。對手在注意我方前手時，我方運用假動作佯攻，同時，前腳突起側截踢對手膝、腿部。第一腳踢出後，對手因遭到攻擊而迅速防護身體下盤，注意力並移向腿部。我方在實踢第一腳後，緊接著避開對手防護，調整身形，猛力勾踢對手頭部。對手因

圖76

圖77

圖 78

圖 79

圖 80

圖 81

圖 82

圖 83

防護身體下盤而頭部防護虛弱，我方踢出第二腳後，未等
對手做出反應，趁機轉身發出第三腳旋踢對手，將對手擊
倒。這組連環腿擊法示範動作中，首先是運用假動作引對
手做出反應，在運用的假動作奏效後，便不遲疑地發起連
環攻勢。在這種複雜的踢法中，不僅踢打時需要動作的良
好協調，招式緊密，還要具有良好的距離感等各種素質的
鍛鍊作基礎，才能運用好連環腿法。

54／如何訓練擒鎖技法？

　　截拳道的擒鎖技法就是關節的拿法和鎖法。截拳道的
擒鎖技法融會中外武術的精華，是組合技擊中較實用的技
法。其拳理精深，招法變化多端。搏擊中融打、踢、摔、

拿為一體，以巧取拙。但想運用好擒鎖技法，還需多方面的訓練和實踐。

擒鎖技法的訓練，首先要理解人體的生理結構和運動規律，學習擒鎖技法拳理中每個擒和鎖的動作部位、擒鎖角度，為掌握技法打好理論基礎。

掌握了一定的擒鎖理論後，開始訓練基本的擒鎖手法和擒鎖技術，接著再訓練由基本技術的各種動作和手法相結合的應用方法，使學到的擒鎖技術運用於搏擊中。要學會在不斷變化的搏擊狀態下，創造出施用擒鎖技術的條件和機會，並注意不被對手反制住。

55／跌撲技法有什麼作用？

格鬥中情況隨時都會發生變化，即使技術再精熟的人，也難免被對手擊中或跌倒。因此，截拳道創造了跌撲技法，以彌補在對手攻擊中失去平衡而倒地的缺陷，或者採用主動跌倒進攻和防守的特殊方式，有效保護自己。跌地不僅在被動時可以反擊，也可以主動地跌躺於地誘擊對手，運用戰術攻擊。或者在攻擊對手時，以站立姿勢發招攻擊，然後再跌地運用踢法再次攻擊。

跌地攻擊出招時，要注意迷惑對手，伺機擊之。動作運用可聲東擊西，打上踢下。發招要快，跌地借力發力，借勢用勢。

訓練跌地技法時要方法得當，瞭解各種跌撲姿勢的正確著地的身體部位。由跌撲技法的訓練，可增強身體的筋

骨肌肉的摔打跌地的抗擊力，還間接地鍛鍊了四肢的靈活性。

56/ 在搏擊中怎樣運用膝擊法？

膝擊法是截拳道的基本技法之一，屬於腿法的範圍。膝擊法可以在搏擊中主要用於攻擊，同時也可以在防禦中使用。它可以在自己處於劣勢或地趟時應用，甚至可以從遠距離跳起撞擊。

截拳道的膝擊法以頂膝、撞膝為基礎，再變化出多種膝擊招式。搏擊中應注意腰胯的配合，膝擊法的攻擊目標為肋部、腹部、頭頸部等。提膝可向上頂或撞，或斜向頂和撞擊對手。膝法用於防禦時，以膝、腿的巧妙變化格擋或拆解對手的踢擊，隨勢再反擊對手。

在實戰中，從警戒椿式起（圖84），對手發招攻擊我

圖 84

方，我方稍仰身避開對手手擊（圖85）。未等對手收手，我方緊接著收腹蓄勁提膝（圖86），判斷好距離時，隨支撐腿腳踏的勁力送髖擰腰，猛力頂刺對手腹部（圖87）。運用膝擊時須判斷距離和可能利用的時機，準確地發招攻擊。出招送髖要有力，手臂、身形與膝擊要協調，提膝要迅疾，支撐腿穩固身體重心。

圖85

圖86

圖87

57／練功之後如何恢復體力？

截拳道的訓練對各方面要求都較高，練功強度也較大，在練功之後會感到疲勞。產生疲勞時，要想辦法促使體力儘快恢復，以備下次訓練時有良好的精神和體力。

恢復體力的方法很多，比較直接的首選方法是睡眠。人在睡眠時，大腦皮層興奮度降低，體能的消耗降至最低水準，處於這種狀態，利於體內能量的積蓄和恢復。也可以選擇做些輕鬆的活動，把身體從緊張的運動狀態過渡到穩定狀態。

輕鬆活動可以選用運動量小的動作，補充內臟器官因強度大的訓練而形成的氧缺，由輕鬆的活動，使肌肉逐漸放鬆，恢復到安靜狀態。

身體訓練消耗的物質要及時補充，要增加膳食中的蛋白質和維生素等營養。輔助的恢復體力方法還有按摩、洗熱水澡等，也可以消除疲勞，恢復體能。

下 篇

技術訓練部分

58 / 為什麼訓練前要做好準備活動？

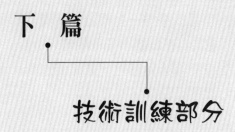

　　截拳道訓練之前，要做些簡單輕鬆的熱身動作，使練習者的身體能夠適應即將開始的大運動量訓練的要求。

　　訓練之前為什麼要先做一些熱身的動作呢？因為做好準備活動，會促使機體溫度升高，加快神經功能的傳導速度，此時，肌肉的黏滯性降低，肌肉和韌帶的伸展性加大，酶活性度得以提高，血液流量增加，氧的擴散情況也隨之加快，人體物質分解和身體能量釋放過程加強，同時隨著肌肉收縮，力量、速度也在增加。這樣一來，促使人體在適應訓練狀態時減少了關節的勞損和肌肉的疼痛度。

　　此外，做好準備活動又能克服自身體內神經功能的惰性，動員內臟器官的功用，使它們與運動器官相互適應，促進訓練的效率。

　　在做準備活動時，應當注意活動的時間和強度是否會影響訓練效果。一般來說，剛剛接觸截拳道的練習者應當用於準備活動的時間多一些，強度大一些。有一定基礎的

練習者，建議做準備活動的動作時傾向於專項一些。在強度較大的訓練中，也可以穿插一些柔和的準備活動動作，以放鬆和緩解一下處於高度緊張狀態的軀體。

總之，只要對身體無害而有益，並能促進訓練水準迅速提高的準備活動都是可取的。

59 / 怎樣做腳踝的準備活動？

坐姿，姿勢自然。一腳觸地，另一腳離地，做向左或向右的各 90°擰擺，次數由自己決定。左右腳交換進行練習；此練習可以強化腳踝關節的靈活性，而且練習的動作量不是太大（圖 88～圖 90）。

圖 88

圖 89

圖 90

60 / 怎樣做腿肌的準備活動？

　　坐姿。兩腳後伸，以腳趾、腳背著地，腿部肌肉用力，促使腳背和腿部肌肉得到鍛鍊，強化腿擊的勁力，對日後練習踢法很有幫助（圖91、圖92）。

圖 91

圖 92

61 / 怎樣做單腳平衡動作？

自然站立。一腳支撐身體，另一腳輕抬少許，進行單腳平衡動作練習。練習中不必過於用勁力控制或強制腳部支撐，姿勢輕巧自然即可（圖93、圖94）。

圖 93

圖 94

62 / 怎樣做腰、髖的準備活動？

兩腳分開，自然站立；兩手握拳屈肘；腰、髖做向前、向左、向後、向右的旋轉運動練習，鍛鍊腰、髖的柔韌性和靈活度（圖95～圖98）。

圖 95

圖 96

圖 97

圖 98

63／怎樣做肩、背、腹的準備活動？

兩手握拳或撐掌觸地，兩腿向體後伸直；兩手輕用力，使肩關節向背後攏起，然後收回，再攏起，重複這個動作。此練習可以增強肩背的關節運動幅度，間接鍛鍊了背、腹的肌肉力量（圖99、圖100）。

圖 99

圖 100

64／怎樣做腕、臂的準備活動？

自然站立；兩手置於胸前，先用左手抓握住右手掌背，同時用勁按壓右手掌背，右手掌順著左手按壓的勁力屈拗；接著換做右手掌抓左手掌練習。此練習可以強化手腕的靈活性和柔韌性（圖101～圖103）。

圖 101

圖 102

圖 103

65 怎樣做頭、頸的準備活動？

自然站立；兩手握拳屈肘，頭、頸自然放鬆，做向後和向前的擺屈運動，接著做左側和右側擺屈運動，之後再做繞環一周運動。此乃練習頭、頸轉動的靈活性（圖104～圖107）。

圖 104

圖 105

圖 106

圖 107

66／ 怎樣做肌肉鬆緊的準備活動？

　　自然站立或以椿式站立。控制全身肌肉，使肌肉有節奏地做一鬆一緊的動作。此練習可以促進日後的練功進度（圖108、圖109）。

圖 108

圖 109

67／ 警戒椿式的基本要領和要求有哪些？

　　截拳道的警戒椿式是最利於機動地施展出渾身解數的椿步。它可令身體完全放鬆，又可以隨時令肌肉迅速做出反應。

圖 110

圖 111

　　截拳道警戒樁式正視圖（圖 110）、側視圖（圖 111）。

　　警戒樁式的基本要領：

　　● 手和腳必須互相配合，以保護頭部和身體。

　　● 儘量隱蔽或防護身體易遭到攻擊的脆弱部位，非必要時，不可露出易被攻擊部位。

　　● 讓身體處於靈活狀態，反應動作一定要快速。

　　警戒樁式是截拳道多年發展所形成的有獨自特點的姿勢。在技擊中，步法的進退、手擊、腳踢或虛招等技術的使用，都是從這一基本姿勢開始或結束的。

　　警戒樁式的形成，依然蘊藏著中華武術樁式步型的內涵，截拳道的樁步雖然相對脫離了其他武術的步型，但依

圖 112

圖 113

然保留著某些傳統武術的步型特點。傳統武術的步型主要有弓步、馬步、虛步、仆步、歇步、虎步、插步等，這些在截拳道步型運用上也有表現。

（1）弓　步

　　又稱為弓箭步，武術基本步型之一。兩腳前後開立，前腳稍內扣，屈膝，腿部半蹲，大腿接近平行；後腿挺膝伸直，腳尖裏扣向前方；兩腳全腳掌著地，左右腿均可站此步型（圖 112）。

（2）馬　步

　　兩腳左右開立，相距約為腳長三倍，腳尖向前，屈膝半蹲，大腿近似平行，膝部不超過腳尖，兩腳全腳掌著地，身體重心落在兩腿中間（圖 113）。

（3）虛　步

兩腳前後開立，後腳外展 45°，屈膝半蹲，全腳掌著地，前腿稍屈膝，腳跟離地，腳尖稍內扣，虛點觸地面，腳背繃平，身體重心落在後腿上（圖 114）。

（4）仆　步

兩腳左右開立，一腿屈膝全蹲，大腿和小腿靠緊，臀部靠緊小腿，腳尖和膝部外展，另一腿伸直接近地面，腳尖內扣，兩腳全腳掌著地（圖 115）。

（5）歇　步

兩腿交叉後靠攏全蹲，前腳掌全著地，腳尖外撇，後腳腳前掌觸地，臀部坐在後腿接近腳跟位置（圖 116）。

（6）虎　步

兩腳左右開立，相距約兩腳寬，右腿屈膝，腳尖稍內扣，左腿屈膝坐髖半蹲，將身體重心放於左腿，目視前方（圖 117）。

圖 114

(7)插 步

　　兩腳左右開立，一腳提膝向後倒插，挺膝，腳尖外展，前腿屈膝彎曲，兩腿全腳掌著地，挺胸合腰，左右腿均可換做此動作（圖118）。

圖 115

圖 116

圖 117

圖 118

　　截拳道中椿步的運用非常重要。截拳道要求，每做完一次或連續的攻防動作，都要迅速地恢復這一姿勢，以保持身體良好的平衡，為進行下一回合的攻擊做好準備。警戒椿式引用了傳統武術的步型技巧，靈活地採納了其中一些有用的技術，促進了自身步型的有用性。

　　警戒椿式運用熟練後，就不必保持一個固定不變的姿勢了，可以憑意識自由地施展和運用，能在瞬間變換姿勢並以左右手消勢。

　　所謂截拳道椿式的高深運用，實際上就是椿式的左右消勢、防守技法和步法的綜合運用。當這種綜合技巧的運用達到熟練程度時，已沒有那麼複雜，憑自身輕鬆靈巧的配合即可充分表現。

　　先看看警戒椿式的消勢法：

　　1.警戒椿式左擺椿左右手消勢（圖119）。

　　2.警戒椿式右擺椿左右手消勢（圖120）。

圖 119

圖 120

　　以上兩種消勢的變化，充分體現了截拳道樁式運用的機動靈活性。警戒樁式的消勢運用，可以使身體在運動中更加靈活協調，並能保證全身姿勢的穩固，可以不受約束地做好搏擊的準備。

　　警戒樁式中較重要的問題是怎樣確定馬步站立的最佳姿勢？每個人習武的特點是不一樣的，因而無法制定統一的標準，只能根據練習者的基本特點來確定。馬步站立，應以兩腿平均支撐身體，以便在運動中隨時保持身體平衡。兩腳站立的間距不能過寬或過窄，便於換步或運轉步法。

　　做馬步樁式時必須注意的是，此種姿勢並非是固定或靜止的。一般講固定或靜止地做馬步，只是對初習者而言，這是他們基本掌握的技巧之一。樁式的運用只是攻擊或防守的中途階段，在實戰中應能靈活地變化以應付突變

的情況。

運用截拳道警戒樁式左右手消勢時的三要素：

● 不要隨意大幅度變換對敵姿勢，即對敵出拳或踢打時不要過多地改變對敵的姿勢。

● 練習樁式時以不偏不倚的對敵姿勢突然出招，並立刻恢復防守，並在此過程中強調動作的快速流暢。

● 從樁式直接出招攻擊，訓練在移動中而不是原地不動進行攻防的本領，以提高出招和收手的時間。

68 / 警戒樁式有哪幾種站立姿勢？

在搏擊中，運用警戒樁式的消勢不僅可以防守對手的各種攻擊，還可以根據自己準備實施的戰術而改變警戒樁式的站立姿勢，這樣使練習者便於理解在樁式應用中如何靈活地掌握，突破樁式運轉的局限性，不至於默守成規地固守單一的樁式站立，難以應付突變的攻擊或防守，搞不清如何改變姿勢以保護自己，也無法迅速轉換姿勢展開反擊。為此，可以將警戒樁式隨著對手攻擊和防守的變換演變為三種站立的防護姿勢，分別是高勢警戒樁式、中勢警戒樁式和低勢警戒樁式。

69 / 高勢警戒樁式的站法及作用是什麼？

兩腳站立，間距與身體同寬，保持舒適自然狀態，後腿稍屈膝（圖 121）。高勢站法的警戒樁式一般用於攻擊和

圖 121   圖 122

防守時的步法運轉上，或者在以虛招迷惑對手時。但因為
姿勢較高，在遭受對手攻擊時不易保持身勢的穩固性，故
採用的機會不是太多。而對於步法來說，高勢警戒樁式還
是比較實用的。

　　在格鬥中不斷反覆移動腳步時，樁式的變化會因兩腳
的移位而改變，身勢會升高或降低，練習者可借由身勢的
變化保持敏捷靈活性，有利於技法的施展。

70／中勢警戒樁式的站法及作用是什麼？

　　這種姿勢是我們常用的警戒樁式。兩腿站立的姿勢比
高勢樁式要低，兩膝彎曲度稍大於高勢（圖122）。中勢警
戒樁式可以靈活地移動步法接近或脫離開對手，並可靈活

地變換攻擊招式，使對手難以判斷我方反擊或準備攻擊的時機。透過長期的中勢警戒樁式訓練，會促進兩側胸肋部的擴張而增強肺活力，腿腳的支撐勁力也得到鍛鍊。

　　站立中勢樁式，若前腳著地位置正確，整個身體姿勢就正確。運用正確的樁式，可以減少無效的動作，以消耗最少的體能去取得最大的效果。

71／低勢警戒樁式的站法及作用是什麼？

　　低勢是兩腳前後間距較大，兩腿彎曲度也較大的站法（圖123）。低勢樁式的運用可以迷惑對手，牽制對手，在一定程度上能夠阻止對手的突然攻擊。不過處於低勢時，頭部容易成為對手的攻擊目標，故必須與對手保持安全的距離，或者依靠身體的敏捷位移以擺脫對手的攻擊。

　　一般不到萬不得已的情況下，截拳道很少採用低勢樁式進攻和防守。一旦必須處於低勢狀態時，須盡力擺脫與對手的糾纏，在處於極度劣勢時才可由低勢樁式轉為地趟和擒跌擊法。

　　低勢樁式的訓練比較費力，但它自身的最大優點，是下肢腿腳的重心相當穩固。

圖123

72／什麼是截拳道的內功心法？

截拳道練習內功的心法在本套叢書有關章節中已多處提及，它的主要之點就在於要求鍛鍊身體外形之筋骨皮的同時，同樣強調內勁的修練。

在截拳道身上處處折射出中華傳統武術的精華，而人們最先見到的便是詠春拳。南派武術拳種詠春拳是一種深藏不露，注重練內的功夫。它提出練拳須達到六合（即心與意合，意與氣合，氣與力合，肩與胯合，肘與膝合，手與腳合），並指出「六合練好拳佔先」，小念頭練好即可實現水到渠成、氣隨意發的拳經拳理。詠春拳為南派少林內家功夫，是出招隱蔽、陰柔不露、拳勢剛柔相濟、內外兼備、上下相隨的一種勢無定式的拳術。詠春拳練內的功夫，首先練習基本的拳術招式，在有一定基礎以及拳技招式正確熟練之後方可加入意念，配合呼吸，達到能運用身體與意念去控制出招力量和瞬間的爆發力。

內功心法是截拳道練功和搏擊時運氣的方法。

截拳道的內功心法雖然是脫胎於詠春拳的練法，但也不必非用詠春拳，也可以選擇任何一種武術功夫作為其基礎，這樣才體現了截拳道的廣泛性、相容性。同樣，練內功心法也不必固守某一個固定不變的練功方法上，也可以練習樁功、養身功、拳套等。

截拳道本身就是一種將武術的潛能予以釋放，使之應用於實戰的技擊藝術，因此不應把它的訓練方法複雜化，

否則很容易使人產生困惑。

截拳道雖以傳統武術為基礎，但並不是追尋拳術套路的外在形式，而是有取有捨。事實上，在截拳道中現在已經很少有詠春拳的招法了，它採用招法是自然的、多變的。它所表現出的招式也是在具備紮實的武術功底之後的隨意運用。如果想使自己的招式運用變化多端，必須以堅實的武術基礎為本，然後尋求內功練氣，以彌補招法運用勁力的不足，使技擊效果更加完美。

練習者習練內功勁法時，練習詠春拳的小念頭也可，練習鶴拳三戰和四門拳法也可。但是為使練功效果明顯且安全，武術基礎一般的練習者，最好只選用一個門派的拳種習練內功勁法，這樣不容易在鍛鍊中出現偏差以及不必要的傷害。在《截拳道手擊技法》一書中收錄了詠春拳小念頭拳套的精短練法，可供參考。

73/ 如何把握截拳道的步法？

截拳道的步法運用，一般由警戒樁式的防護動作起，迅速挪移，接著進行連續攻擊。步法的運轉靈活，在實戰中就顯得輕鬆便捷，拳腳可以有效施展，加快實施技法的速度。實戰搏擊中對陣雙方的位置是不斷變化和移動的，迅速移位既可以提高攻擊的效果，也可以借助步法閃避對手的連串攻擊。

在步法運轉中，還可以觀察對手的進退情況和技術特點，或以步法的不停變換迷惑對手，使其難以判斷我方攻

擊或反擊的時機和方式。採用步法移位，要注意身形的平衡及攻擊和防守的姿態，沉著冷靜，不要浮躁。

掌握步法移動技巧，要在掌握基本步法技術的基礎上，根據自身的特點進行訓練和使用。截拳道的基本步法由滑步、快速移動、疾步、側步、碎步、跨步等組成。

在這些步法的基礎上，可以從警戒樁式開始，運用多種特點的步法，並依靠警戒樁式基本防禦技術，靈活地運轉步型。截拳道指出，善於運用步法本身就是一種強有力的武器。步法的熟練運用，可以配合防守和進攻技術的有效發揮。

在搏擊中，與一個實力不相上下的對手形成僵持狀態時，再進行直接攻擊往往很難奏效。為了有效打破這種局面，可以借助步法、虛招或組合攻擊方式進行戰術攻擊，此時，步法要善於變化，可以配合踏進、踏出、迴旋、轉身、跳步等技巧，使步法運用更加完美。

74／ 怎樣練習滑步技術？

由警戒樁式起做向前滑步。前腳先向前滑動約半步，兩腳分開的同時，後腳立即跟上，迅速恢復警戒樁式。如果繼續向前，重複此動作即可（圖124～圖126）。

圖124

圖 125

圖 126

　　由警戒樁式起做向後滑步。後腳向後滑動約半步，兩腳分開時，前腳立即緊跟後滑，一旦前腳定位，迅速恢復警戒樁式（圖 127～圖 129）。

圖 127

圖 128

圖 129

75／怎樣練習快速移動技術？

　　由警戒樁式起做向前快速移動。前腳向前踏出 7.5 公分左右，前腳移動後，後腳立即滑動，幾乎踏在前腳原來位置上，在後腳將觸到前腳時，前腳再繼續向前滑動，若不再移動向前時，兩腳一定位，迅速恢復警戒樁式（圖 130～圖 133）。

圖 130

圖 131

圖 132

圖 133

由警戒椿式起做向後快速撤步。前腳自然地後撤，後腳隨即後撤。此過程是一個快速動作，如果不再繼續後退、兩腳定位時，應迅速恢復警戒椿式（圖 134～圖 137）。

圖 134

圖 135

圖 136

圖 137

76／怎樣練習側步技術？

由警戒樁式起做向
右側步。先迅速移動前
腳微向前右側邁出，右
腳前掌輕著地時，肩部
隨身形稍右擺，身體重
心移向前腳時，左腳
（即後腳）立即滑出，
然後迅速恢復警戒樁式
（圖138～圖140）。

圖 138

圖 139

圖 140

　　由警戒椿式起做向左側步。左腳（即後腳）微向左前方滑動，右腳快速地移動跟上，然後迅速恢復警戒椿式（圖 141～圖 143）。

圖 141

圖 142

圖 143　　　　　　　圖 144

77／ 怎樣練習碎步技術？

　　由警戒樁式起做向
前碎步。後腳利用踏地
彈性前移動約一腳距
離，前腳在後腳向前落
地瞬間立即向前移出，
若繼續向前重複此動作
並不打算再移動時，迅
速恢復警戒樁式（圖
144～圖 146）。

圖 145

圖 146　　　　　　　　　圖 147

圖 148　　　　　　　　　圖 149

　　由警戒樁式起做向後碎步。後腳微踏向前，前腳立即隨後腳的定位向後移動約 7.5 公分，身體重心仍保持在後腳，然後迅速恢復警戒樁式（圖 147～圖 149）。

78 / 怎樣練習疾步技術？

由警戒樁式起做向前疾步。前腳向前快速踏出約 7.5 公分，隨著身形快速動作，用髖部的擰擺把後腳拉向前，使身形疾速變化，然後迅速恢復警戒樁式（圖 150～圖 152）。

由警戒樁式起做向後疾步。前腳猛踏地面，在前腿幾乎伸直撐勁的同時，身體重心移向後腳，後腿變屈蓄勁，緊接著猛然撐直，身體隨腿的撐直疾向後衝，後腳隨移動著地的瞬間，以前腳腳掌先觸地，然後迅速恢復警戒樁式（圖 153～圖 155）。

圖 150

圖 151

圖 152

圖 153

圖 154

圖 155

79 / 怎樣練習跨步技術？

由警戒樁式起做跨步。後腳移踏出身體內側前方，在後腳踏出觸地後，前腳立即移踏出，跟在後腳後方，然後迅速恢復警戒樁式（圖 156、圖 157）。

圖 156

圖 157

80 / 怎樣練習踏進技術？

　　由警戒樁式起做踏進步法。前腳輕抬離地面，向前踏入半步，動作既可快速，也可稍微停頓（圖 158～圖 160）。這是以腳或快或慢地移動踏出，迷惑對手，使之不敢輕意發起攻擊，從而給自己創造攻擊或反擊的機會。

圖 158

圖 159

圖 160

81 / 怎樣練習踏出技術？

　　踏出步法的動作和踏進動作相反，但應用意圖相似。腳向前踏出，可以配合身體四肢的動作，以佯攻技術欺騙對手做防禦動作，並在對手做防禦動作之前，立刻展開攻擊（圖161～圖163）。

圖 161

圖 162

圖 163

82／怎樣練習回旋技術？

由警戒樁式起做迴旋步法。前腳向右（或向左）踏出半步，後腳隨前腳動作向右（或向左）踏出，後腳與前腳形成迴旋動作（圖 164～圖 166）。這種步法是用在對手移動至我方左側或右側時，我方運用這類動作阻截對手，或使對手的攻擊落空。

圖 164

圖 165

圖 166

83 / 怎樣練習轉身技術？

　　由警戒樁式起做轉身步法。以前腳腳掌、後腳腳跟為軸，身體向左後轉動，此時身體重心已移至後腳，前手防護頭部，後手防護腹、肋部，目視前方（圖 167、圖 168）。

圖 167

圖 168

84 / 怎樣練習跳步技術？

　　由警戒樁式起做跳步。兩腳同時或一前一後地向前、
向後或向左、向右跳挪一小步或數步（圖169、圖170）。
這是我方在前進、後退或迴旋時遭遇對手突然攻擊，我方
在被動的情況下，採用跳步敏捷地躲閃對手的擊打。

圖 169

圖 170

85／手法技巧包括哪些訓練內容？

截拳道的手法技巧運用並不是僅用直拳、勾拳或掌擊就能夠表達的。手法的運用包括腕、臂、肘以及肩撞的技巧，它不僅運用拳擊或指戳，還可以根據拳勢的變化形成拍擋、防守、消解等技術。截拳道的手法運用有諸多方式可以在搏擊中充分施展。手法從技術上可分為拳和掌兩大類，此外在運用上還包括肘法。拳擊的技術有直拳、勾拳、擺拳、背拳等，掌擊的技術有插掌、指戳等招式；肘擊法的技術也有數種。

截拳道手法是人體上肢技術的綜合運用。手關節由掌關節和指關節組成，指骨和掌骨之間均有韌帶連接，可以做屈伸運動，因此動作變化比較多。在實戰中，既可以用拳擊，也可以用掌擊，久練可以做到出招快速，拳勢剛柔相濟，內外兼備，勢無定式。

手法技巧的運用要求做到含胸拔背、歸中留位；沉肩、沉肘、沉腰；腰部發力，手眼相隨，以意領氣，身到步到，步到手到，手到念到；一手消解，一手攻擊，連消帶打。

拳法的運用，五指彎曲鬆握，手指自然放鬆，肩、肘不可僵硬，在攻擊目標的瞬間迅速握緊拳頭，勁力集中於拳面一點，釋放於攻擊目標的點位元上。

掌法的運用，未出招時，要使掌心自然含勁，發招攻擊之際才突然凝聚勁力達於掌心。手法習練中，可以逐步

掌握以手腕的變化尋找對手破綻，肩、肘及身體各部位隨之而變。運用手法還要注意腕部既不能太弱，太弱則易被控制，但也不能太剛，太剛則易被柔克。應做到出手隨勢而發，隨勢而變。

86／怎樣練習直拳技術？

由警戒椿式起做前手直拳動作。前手放鬆，緊接腰髖動作猛然收緊，快速向前發出（圖 171～圖 173）。

圖 171

圖 172

圖 173

由警戒樁式起做後手直拳動作。在身體重心前移的同時，快速擰轉腰髖，前腳踏地，後肩前送，後手握拳猛擊向身體中線前方。然後恢復警戒樁式（圖174～圖176）。

圖 174

圖 175

圖 176

　　由警戒樁式起做低勢直拳動作。動作過程和上面的動作相同，不同之處是屈膝降低樁式的同時即發出前手或後手直拳，隨即恢復警戒樁式（圖177～圖182）。

圖 177

圖 178

圖 179

圖 180

圖 181

圖 182

87 怎樣練習勾拳技術？

由警戒樁式起做
前手上勾拳動作。身
體重心前移，前手手
臂屈肘，自然放鬆，
稍下移，在前腳踏地
的同時擰轉腰髖，前
手拳頭握緊，猛然向
前勾擊而出，收手即
恢復警戒樁式（圖
183～圖 185）。

圖 183

圖 184

圖 185

由警戒樁式起做後手上勾拳動作。前手防護，後手放鬆，配合身勢的快速擰轉，後手猛然向前、向上勾擊而出，隨即迅速恢復警戒樁式（圖186～圖188）。

由警戒樁式起做平勾拳動作。重心後移，身體稍左轉，前手配合身勢屈肘，猛然向水平方向勾擊而出，拳心朝內，收手即迅速恢復警戒樁式（圖189～圖191）。

圖 186

圖 187

圖 188

圖 189

圖 190

圖 191

由警戒樁式起做低勢勾拳動作。在以樁式降低身勢的同時，擰轉腰髖，屈膝發出勾拳動作（圖 192～圖 194）。

圖 192

圖 194

圖 193

88／怎樣練習擺拳技術？

由警戒樁式起做前手擺拳動作。前腳可輕微地移動，身體重心前移的同時，擰轉腰髖，帶動前手弧線向前猛然發出，收手即迅速恢復警戒樁式（圖195～圖197）。

圖 195

圖 196

圖 197

由警戒樁式起做後手擺拳動作。和前手動作要領相同，不同處是用後手弧線擊向前方，收式後迅速恢復警戒樁式（圖198～圖200）。

圖 198

圖 199

圖 200

在基本拳法熟練運用之後，在搏擊中就不會囿於某些固定模式，而是融會各派拳式的有效招式，展開有力攻擊。截拳道的拳擊在運用攻擊中是有明確的攻擊目標的，至於採用何種拳擊技術，只是在一瞬間做出本能的反應。這種本能的反應招式一般可採用背拳、掄拳、劈擊或插擊等等。在這裏補充一下劈拳打法。

89／怎樣練習劈拳技術？

由警戒樁式起做劈拳動作。身體重心前移，前手隨合腰擰髖，屈肘從上向前猛劈砸出，劈出的手肘略屈，以增進發力，收手後迅速恢復警戒樁式（圖201～圖203）。

圖 201

圖 202

圖 203

劈拳的打法運用熟練時，可以形成四種變化形式的劈打法。它們分別為前劈拳，如圖202；後劈拳，即拳向背後劈打（圖204）；側劈拳，從身體側面直接或斜形劈打（圖205）；掄劈，掄拳劈打法（圖206）。

劈拳的打法是截拳道拳理「無形之形，無式之式」的具體體現，擊打的方法自然多變，不受基本拳法的束縛。在截拳道中，直拳、勾拳、擺拳的運用雖然更為頻繁，但若處於混戰和糾纏時，就應採用劈拳打法和貼身短拳等打法了。

圖 204

圖 205

圖 206

90 / 怎樣練習撐掌技術？

　　由警戒樁式起做撐掌動作。前腳可稍移動，身體重心前移的同時，前手由拳撐開成掌，虎口撐勁，掌心含力，配合腰髖猛然向前擊出，擊出後收手，隨即迅速恢復警戒樁式（圖207～圖209）。撐掌主要是以掌的勁力攻擊，以推、按、蓋的攻擊方式對付對手。搏擊中可以以掌推擊對手臉部、胸部，或按住對手臉部，蓋是攻擊中用掌猛按對手頭部，以消解對手的攻擊。

圖 207

圖 208

圖 209

91／怎樣練習劈掌技術？

　　由警戒椿起做劈掌動作。前手拇指內扣，其餘四指自然伸直，前腳可配合招式稍移動，緊接著前手向身體中線前劈出，勁力達掌外緣（圖210～圖212）。劈掌可分為前

圖 210

圖 211

圖 212

劈掌（如前圖）和側劈掌（圖213～圖215），是從側面切入的劈擊法。

圖 213

圖 214

圖 215

92 / 怎樣練習插掌技術？

由警戒樁式起做插掌動作。掌型和劈掌相同。前手拇指內扣，其餘四指自然伸直，掌心朝下，伴著腰部勁力猛向中線前插刺出，收手後迅速恢復警戒樁式（圖 216～圖 218）。

圖 216

圖 217

圖 218

93 / 怎樣練習十字擺掌技術？

兩腳自然地腳跟離地向左右分開，腳全掌紮實，稍收緊髖部肌肉，開膝沉腰、沉肩，上身自然挺直。此式為詠春拳箝羊馬式（圖219）。接著，左手拇指內扣，其餘四指併攏，屈肘上抬向前標刺出，右手隨左手動作同時屈肘握拳置於胸側（圖220）。

接上勢。左手成掌伸直時，以腕部勁力促動指掌向體前下插（圖221）；然後向上立掌翹起成上插掌（圖222）；隨著變化掌心向下，使指掌外插（圖223）；收回時成指掌內插（圖224）；以腕部勁力行掌內插掌式（圖

圖219

圖220

圖 221

圖 222

圖 223

圖 224

225），變化至下插掌（圖226）；繼續成掌心朝向側的直插掌（圖227）；最後變拳，屈肘收回成日字沖拳（圖228）。此為詠春拳十字擺掌（或稱十字擺手）左手式，用

圖225

圖226

圖227

圖228

以練習詠春拳的寸勁手法，與其他拳術發力用勁不同之處是，它採用的是南拳長橋寸勁的打法。

右手十字擺掌。以日字沖拳式收回左拳（圖229），右手由拳變掌隨著拇指緊扣、四指併攏向前標刺出（圖230），虎口含勁；在右臂伸直時，以腕部勁力促動手掌下插（圖231）；接著翹起向上插（圖232）；下插（圖233）；回復掌形外插（圖234）；內插（圖235）；接著掌

圖229

圖230

圖231

圖 232

圖 233

圖 234

圖 235

心朝下外插（圖236）；以腕部勁力使掌內擺，成掌向左內插掌（圖237）；下插掌（圖238）；再向上、向前直插掌（圖239）；握拳收式成日字沖拳式（圖240）。

圖236

圖237

圖238

圖 239

圖 240

94 / 怎樣練習攤掌技術？

　　從圖 240 日字沖拳起，右手收回置於胸側（圖 241）；左手隨右手收回成掌，以肘部勁力向胸前推出，掌心略斜向右，掌指略屈成左手攤掌，肘部稍屈，不要伸直（圖 242）。

圖 241

圖 242

95 / 怎樣練習單拜掌技術？

接攤掌式（圖 243），左手以腕部勁力做半圓擺掌，然後使掌指立起，成單拜掌式，以肘部勁力自然收掌，左掌與胸部間距約一拳距離（圖 244、圖 245）。從十字擺掌到攤掌所形成的拜掌動作是詠春拳小念頭手法的精粹，在詠春拳中被稱之為護手（或伏手）技法，即詠春拳經中的「三拜佛」式。初習這幾個動作時以緩慢柔和為主，鍛鍊呼吸和招式如何配合，使內臟器官得到鍛鍊。收回動作時吸

圖 243

圖 244　　　　　　　　　圖 245

氣，推出肘、手用勁時呼氣，以配合行拳。

96／怎樣練習提按掌技術？

接單拜掌動作，左手至身體左側
（圖246）；同時右手變掌，雙掌下落
至身體兩側（圖247）；掌心含力稍按
勁，兩手同時提掌，屈臂上抬伸直，
兩掌以肘部之勁下按（圖248）；用肘
之勁將兩掌再下按至體兩側成按捺掌
式（圖249），再以肘部勁力提起兩掌
至胸前（圖250）；再落下兩手成按掌
式（圖251）。可連續重複動作三遍。

圖 246

圖 247

圖 249

圖 248

圖 250

圖 251

97 怎樣練習疊掌技術？

接按掌式。兩手落式（圖252），兩掌以肘部勁力上提，提起至胸前時成相對平行狀（圖253）；再復為層疊狀，形成疊掌式（圖254）。

圖252

圖253

圖254

98 / 怎樣練習膀手技術？

接疊掌式。兩手成拳收回胸側，拳眼向上（圖 255）；成兩手日字拳時，左手由拳變掌，以肘部勁力向胸前斜插而出，掌形不要超過腹部（圖 256）。膀手技法的運用主要是化解對手來勢，配合腰腿的勁力使對手的攻擊被消解。

緊接上式。左手沉肘成直插掌，掌心朝右（圖 257）；由掌變拳，成日字沖拳（圖 258）；收拳置於胸側（圖 259）；同時右手由拳變掌，以肘部勁力推出，掌式向前斜插出，掌不過腹部（圖 260）。

圖 255

圖 256

圖 257

圖 258

圖 259

圖 260

99 / 怎樣練習箝羊馬步技術？

可以接上式右手屈肘收回成兩手日字拳，兩手由拳變掌收回身體兩側（圖 261），手臂放鬆成箝羊馬步（圖 262）。如果收式兩腳自然靠近，兩手放鬆，成立正姿勢收式。

圖 261

圖 262

100 / 怎樣把握截拳道的踢法技巧？

截拳道踢法技巧顧名思義就是用腳和腿的踢打方法。踢法和其他技法運用一樣，都要求實施後即恢復基本的警戒樁式防守。

踢擊技巧比較複雜。運用踢法攻擊時，不僅要求技法運用嫻熟，而且搏擊中要膽大心細，調控好移步的靈活性，控制身體在運動中的平衡，以及兩腿合理有效的消解或截擊。截拳道的技法以腿法為主，手法運用相對較少。當然，如果習練者不善於用腿，也可以以手法運用為主。善用踢法者，也一定要運用手法配合防守，此外，如擒鎖、摔跌等技法，可補充踢法攻擊技術的不足。

採用踢法要求同手法一樣運用靈活，不過要注意「起腿三分險」的不利一面。一定要學會腿腳踢打的明暗之分。明腿就是出腿直接攻擊，一旦落空就快速變式，進攻的意圖是直接而快速的；暗腿變化則形於明腿之中，以補充明腿攻擊時的缺陷。腳踢方式既可以活髖移步放遠踢擊，也可以巧取快攻施用短踢技巧。踢腿運腳時，一腳抬起，一腳支撐，落腳成步，用步法迅速調整身形以保持平衡。必須把握出腿的快慢節奏，就是運用步法移動來控制與目標之間的距離，使目標處於我方腿踢和踏刺的範圍內。

在截拳道的踢法訓練中，應借鑒傳統武術的樁步技巧，完善自己踢法的多變性和靈活性，然後練習從警戒樁式發腿及收式恢復警戒樁式。

101 / 腿腳各部位應如何應用？

① 腳 背

腳的蹠骨到趾骨處為腳背部位（圖263）。運用腳背部位踢擊時，腳趾向下屈曲勾緊，腳面繃平、收緊。攻擊目標可以是對方身體的任何部位。

② 腳腕前側

小腿骨與足骨連結處的前側部位（圖264）。腳腕上勾成鉤狀，在踢法中主要用於勾踢或掃踢。

③ 腳 尖

腳的第一至第五趾骨為腳尖部位（圖265）。腳尖主要用於前踢時的彈踢，踢擊對手脆弱的部位，或在上段前踢時以腳尖刺踢對手頭部。

④ 腳前掌

從第一趾骨至第四蹠骨的前半部分及第五節趾骨後半部分的腳掌處

圖 263

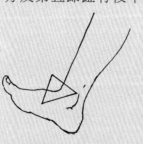

圖 264

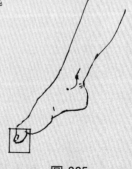

圖 265

（圖266）。運用腳前掌踢擊時腳趾翹起屈緊，可以攻擊對手身體的任何部位。

⑤ 腳　跟

足後跟部分，跟骨（圖267）。以腳跟部位屈伸踢擊。

⑥ 腳內側

位於腳的第一大趾骨、楔骨，腳舟骨內側部位（圖268）。以腳內側攻擊對手脛骨或其他部位，踢擊時踝關節肌肉繃緊發力。

⑦ 腳外側

腳的第五蹠骨、骰骨、跟骨外側部位（圖269）。踢擊時以腳掌外緣踹或鏟擊目標，踢擊時腳內扣繃緊。

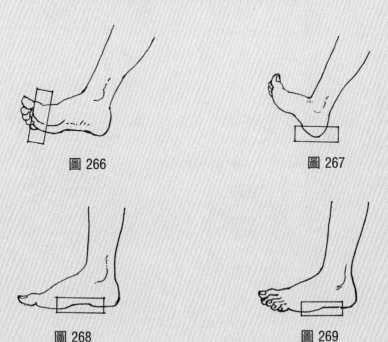

圖266　　　　　　圖267

圖268　　　　　　圖269

⑧ 小腿內外側

膝關節至踝關節中間的脛骨側部位和腓骨側部位（圖 270）。主要用於格擋對手的腿擊。

⑨ 大腿、小腿後側

小腿脛骨、腓骨下端後側部位及股骨下端及脛骨、腓骨上端後側部位（圖 271）。以此部位回扣對手的攻擊腿或用小腿後側反掃踢對手。

⑩ 膝

膝關節前側髕骨部位（圖 272）。主要以頂、撞攻擊對手。

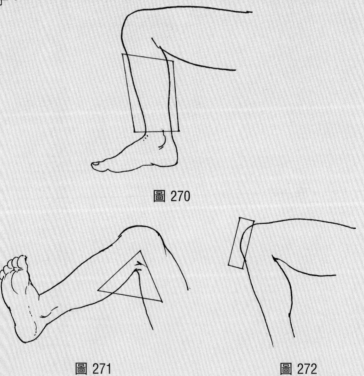

圖 270

圖 271

圖 272

102／怎樣練習前踢技術？

　　由警戒椿式起做前踢動作。身體適度放鬆（圖273）；重心移向後腿的同時稍屈膝部（圖274），將前腳提起（圖275），隨著後腳踏地的彈性和腰髖配合用力，猛將前腿向

圖 273

圖 274

圖 275

體前踢出（圖 276）。可以用腳尖刺踢（圖 277）；腳前掌
刺踢上段（圖 278），或以腳跟蹬踹。收式時應同樣迅速

圖 276

圖 277　　　　　　　　　　　圖 278

落式成警戒樁式（圖279、圖280）。做此動作，需要身體和四肢協調配合，準備實施前踢攻擊但目標距離較遠，身體應在不失平衡條件下最大限度前伸。收式時，腿腳自然而彈性地收回，或者支撐腿稍屈膝，控制住身體重心而收回。收式時應恢復原來的警戒樁式進行防護，並準備做下一次的發招。

運用前踢也可以使用跌地後踢打目標，這屬於地趟踢法。但當自己主動或被動地跌地時，一定要把握跌地的保護動作（圖281、圖282），踢擊發腿時應自然屈膝運足（圖283），合腰送髖，猛將腿踢向前方（圖284）。不論採用站立還是倒地的前踢方式，均應靈活地運用兩腿進行攻擊，不能只會用一腿踢打。

圖279

圖280

圖 281

圖 282

圖 283

圖 284

103 / 怎樣練習劈踢技術？

由警戒樁式起做劈踢動作。身體自然放鬆（圖285），重心移向後腿，為更好地控制身體重心，後膝稍屈（圖286），前腳稍動，同時快速提起，由屈膝快速揮向身體前上方（圖287、圖288），然後攻擊腳下落（圖289），收

圖 285

圖 286

圖 287

腳後迅速恢復警戒樁式（圖 290）。劈踢主要運用小腿後側或腳跟揮劈對手上段目標，運用純熟後可使用前、後腿從警戒樁式突然發招攻擊。

圖 288

圖 289

圖 290

地趟劈踢和站立劈踢的運用方法比較相似，都是以小腿後側及腳跟部位劈砸對手。地趟劈踢由警戒樁式起向後跌地（圖 291），當身體跌地後，攻擊腿稍屈，同時猛然向上抬起（圖 292），然後向下用勁劈砸踢擊（圖 293），收式後迅速恢復樁式的基本防護。

圖 291

圖 292

圖 293

104／怎樣練習側踢技術？

由警戒樁式起做側踢動作（圖 294）。身體適度放鬆，重心移至後腿，同時前腳提起，後腿稍屈膝（圖 295），在身體欲傾斜的瞬間，以後腳為支點轉動，配合腰髖之力，猛然側踢出前腳（圖 296、圖 297），踢出腳後迅速恢復警

圖 294

圖 295

圖 296

戒椿式（圖 298）。

側踢多運用前腳進行攻擊。在尋找對手破綻時，也可採用轉身側踢突然攻擊。運用側踢時應先使身體放鬆，接著最大限度地發揮身體體能，並充分利用腰髖的動作勁力，增加腿擊的力量和速度。

採用地趟側踢時由警戒椿式起（圖 299），側倒跌地

圖 297

圖 298

圖 299

（圖 300），身法舒適自然，前腿稍屈（圖 301），借助手的撐地，腰髖發力送腿，猛然向前踢出（圖 302）。跌地側踢主要在佯攻或截擊對手時使用的出其不意的突然打法。

圖 300

圖 301

圖 302

105 / 怎樣練習勾踢技術？

由警戒椿式起做勾踢動作（圖 303）。保持警覺，身體重心移至後腳（圖 304），在後腳欲轉動腳掌的瞬間，前腳平提膝（圖 305），快速地身體猛力聚緊勁力，向上、向前

圖 303

圖 304

圖 305

勾踢而出，勁力達於腳尖、腳背或腳前掌（圖306）。踢擊之後，順勢將腿落下收回（圖307），並迅速恢復警戒椿式。

　　勾踢技法對身體素質的要求較高，但其用腳踢打的勁力則稍遜一些。不過，在以中距離進攻對手頭部或頸部時是非常有效的。勾踢動作不僅可攻擊對手身體上段目標，也可以攻擊身體中段和勾踢身體下段。此外，還可以運用跌地勾踢的方法。

　　跌地勾踢就是我方主動倒地以勾擊對手的腿腳，迫使對手傾倒。地趟式勾踢由警戒椿式起做側跌倒地（圖

圖 306

圖 307

308），一手或兩手成掌，同時撐地，一腿屈膝（圖309），合腰擰髖發力勾踢而出（圖310）。但在踢擊過程中一定要注意跌地時的防守。

圖 308

圖 309

圖 310

106／怎樣練習掃踢技術？

　　由警戒樁式起做掃踢動作（圖311）。為利於出腳，前腳可以靈活地前滑出數公分（圖312），提膝擰腰展髖，猛力向前、向上掃出，提膝與踢出要連貫快速（圖313、圖314），腳劃弧形踢出後順勢注意收腳並迅速恢復警戒樁式。

圖311

圖312

圖313

　　掃踢法在截拳道中的運用不是太多，踢掃的力量也不是太大，常用於相持中向對手發起出其不意的攻擊時。

　　跌地掃踢時，腿的動作要劃出較大的弧形，以增加踢掃的力量，勁力可根據攻擊部位不同而分別達於腳全掌、腳跟或小腿後側（圖315～圖317）。

圖 314

圖 315

圖 316

圖 317

107 / 怎樣練習踏踢技術？

踏踢法前後腳均可運用，只是需在攻擊時注意腳的變化。運用跌地踏踢時可以猛然踩踏對手膝部，以達到阻截或踢傷對手的目的。運用中，兩手扶地，猛然用腰髖之勁力催動腿腳向前踢出（圖 318、圖 319）。

圖 318　　　　　　　　　　　圖 319

108 / 如何認識和把握連環腿踢技法？

截拳道連環腿腳踢打技法是個戰術性踢打法，屬於組合攻擊方式。它主要用腿、腳、膝進行各種方式的踢、撞，對身體的綜合素質的要求較高，綜合素質達不到要求，則較難運用連環腿擊技術。

經過綜合的身體素質訓練，使身體綜合素質得到全面提高後，便可轉為專項腿法訓練，這些專項腿法訓練包括腳踢準度、視覺、腳踢技法、腳踢速度、動作速度等等。

　　腳腿訓練純熟後，可以進一步要求靈活運用，分清陰陽虛實明暗的法則。左腳為虛時，右腳必為實，左腳為即時，右腳必為虛。虛者為陰，實者為陽。前腳為陽時，後腳則為陰。支撐腿為陽，踢打腿則為陰。有進有退，攻不顯跡，退不露形。

　　在內勁上，要使氣血下注腿部湧泉穴，腳踏中勁。勁氣貫注腳五趾梢節，以助腿踢勁力。還應當結合全身動作，配合上肢的攻防，從而發揮連環腿的威力。

109／怎樣運用踏踢——前踢技術？

　　由警戒樁式開始，保持警覺，身體適度放鬆，未出腿之前鬆髖（圖320），身體重心後移同時，前腳隨後腳的踏地向前方踏出（圖321），頭頸上領頂勁，肩部扣勁，肘部

圖 320

圖 321

略沉，後腳五趾扣地撐勁，丹田抱勁，髖部發勁於前腿。緊接著踏出之腳略屈膝並快速上抬（圖 322），由腰髖發力前踢而出（圖 323）；收式時前腳順慣性降落收回（圖 324）。這是單腿的連環腳踢法。

圖 322

圖 323

圖 324

由警戒樁式開始（圖325），前腳隨樁式移動重心成虛狀（圖326），向體前低處踏出，腰髖催膝發力，支撐腿沉勁穩固重心（圖327），如果未準備好前腳攻擊，可收前腳

圖 325

圖 326

圖 327

踏地進行防護（圖328），隨前腳著地，擰轉腰髖，發勁踏出後腳（圖329），連貫快速地前踢而出。此為低勢踢法，抬腳不要過高（圖330）。無論踏踢或前踢，在用勁出腳時，身體從放鬆狀態猛然收緊，配合呼氣發力於腿，同時注意步型的運轉。

圖 328

圖 329

圖 330

110/ 怎樣運用前踢──踏踢技術？

由警戒椿式開始（圖331）。身體重心隨著前腳虛點地而移向後腳，肩肘沉勁，支撐腿含勁穩固（圖332），前腳隨之提膝，猛然向體前上方踢出，勁力可根據不同攻擊目標達於腳前掌或腳尖、腳跟部位（圖333）。為使將連續踢

圖 331

圖 332

圖 333

出的第二腿流利順暢，前腳隨動作下落而慣性觸地，然後迅速調整腰髖發力，後腿運腳（圖334），輕彈離地，發力向體前踏出（圖335）。收腿，恢復警戒樁式。

圖 334

圖 335

111 怎樣運用踏踢——側踢技術？

　　由警戒樁式開始（圖336）。前腳隨重心後移，猛然提起向前、向下踏出，後腿屈膝，使前腳發勁有力迅速（圖337）。後腳連接做側踢時，先收回前腳，待前腳隨步法運轉定位後，後腳準備提起（圖338）。此時腰部蓄勁，與肌肉力量合一，調髖，猛然以後腳向前、向下側踢而出（圖339），然後恢復警戒樁式，側踢的後腳著地並收式（圖340）。這兩種踢法的搭配屬於低段攻擊腿法，可以用來踢打對手的下盤或截擊對手的腿腳攻擊。

圖 336

圖 337

圖 338

圖 339

圖 340

112／怎樣運用前踢——劈踢技術？

　　由警戒樁式開始。身體重心移向後腳（圖341），後腿支撐重心，稍屈膝，腰髖合力（圖342），後腳五趾扣地，同時前腿提膝猛向前刺踢而出，勁力達於腳尖（圖343），前腳踢出後，借助腿擺落的慣性收腳觸地，後腳以腳掌碾地欲動（圖344），快速以腰髖勁力發於後腿向前、向上擺起（圖345），前腳支撐穩固，後腳劃弧劈擊下落（圖346），屈膝收腳並恢復警戒樁式。

　　前腳前踢後，可以變勢，再以前腳揮起劈踢，不一定囿於前後腳輪替的踢打法。練習組合踢打法時不要急於求成，應當先將組合腿法練得靈活、輕便，再追求踢打變化時腿腳的勁力。連環踢擊時一定要使動作直接、快速、簡練。

圖341

圖342

圖 343

圖 344

圖 345

圖 346

113／ 怎樣運用側踢連環技術？

　　由警戒樁式開始。以前腳連續踢擊為例。身體重心後移至支撐腳時，前腳虛點地面，身體放鬆，注意準備出腳路線（圖347），合腰發勁於腿，前腳在擰髖的瞬間猛然側向前水平踢出。做動作時，支撐腿一發力，前腳就踢出，這樣出腳比較迅捷。後腿可稍屈，以利控制身體重心（圖348）。準備二次出腳時，稍減勁力而慣性收腳（圖349），此時重心仍停留在作支撐的後腿上。再次聚力合腰擰髖，前腳向側前上方快速踢出（圖350）。收腳時配合呼吸恢復警戒樁式。

　　側踢連環踢擊時要使身體四肢高度協調，由放鬆到猛然發力出腳要一氣呵成，動作不要間斷。在實戰搏擊中，動作的暫態中斷是一種戰術策略，習練中則不必那樣做。

圖347

圖348

圖 349

圖 350

114／怎樣運用側踢──轉身側踢技術？

由警戒樁式開始（圖 351）。身體重心移至後腳，後腳踏地要穩固（圖 352），蓄勁發力，前腳猛力向前、向下側踢而出（圖 353）。準備做轉身動作，前腳由踢出的餘勁有彈性地收式觸地，前腳掌碾地，身體重心移向前腳（圖 354），向後轉身，自然提膝，以腰髖轉動發勁於後腳並快速踢出，前腿稍屈，以利於保持平衡（圖 355）。如準備停止攻擊，後腳發勁之後收腳著地，隨即恢復警戒樁式。

圖 351

圖 352

圖 353

圖 354

圖 355

　　側踢訓練不僅要善用腰髖以配合身形變化，還要訓練出腳的攻擊目標、時機以及距離感等。

115 / 怎樣運用前踢——側踢——掃踢技術？

由警戒樁式開始（圖356）。這一組是三種踢法的連續動作。身體重心移向後腳，後腳踏地，膝部稍屈，前腳虛點地面（圖357），緊接著提膝，後腳催勁，快速踢出前腳。可分別選擇上、中、下三段踢法（圖358），隨著放髖

圖356

圖357

圖358

的餘勁收前腳，後腳腳前掌碾地稍轉，前腳收腳不落地，迅速側擺提膝，腰部蓄勁（圖 359），後腳繼續支撐身體重心，稍屈膝（圖 360），快速擰轉腰髖，前腳側踢而出（圖 361），前腳二次踢出後，收腳準備轉掃踢（圖 362）。做掃踢時，動作由收腳觸地直接提腳向前、向上劃弧掃向體側（圖 363），如果準備收腳，順掃踢劃落之勁前腳著地並恢復警戒樁式（圖 364）。

　　運用三次連環踢法，必須有良好的身手和自由無羈的心境，以及把握戰機的能力。此類踢打法運用於搏擊中時，要時刻保持警覺心，一旦時機成熟，應立即毫不遲疑地展開攻擊。

圖 359

圖 360

圖 361

圖 362

圖 363

圖 364

116／怎樣運用側踢──掃踢──旋踢技術？

由警戒樁式開始。控制體重，前腳欲動（圖 365），重心欲移向後腳時，前腳隨腰髖的發力向體前下段側踢而出（圖 366）。準備二次掃踢動作。前腳側踢後順勢落腳輕觸地面（圖 367），腰髖蓄勁，隨著身體發勁，前腿猛力向

圖 365

圖 366

圖 367

前、向上劃弧踢掃而出。踢掃時既可直膝掃出,也可屈膝掃出(圖368),前腳掃踢後順勢落腳(圖369),收式觸地,兩手防護(圖370)。前腳以前腳掌轉動身體(圖371),前腿欲動時,頭部扭轉向前,以腰髖發勁於後腳,快速向前旋踢而出(圖372),勁力達於腳底或腳跟。然後恢復警戒椿式。

圖 368

圖 369

圖 370

圖 371

圖 372

　　這類踢法的配合，可以以側踢伴攻，迫使對手防護身體下段，當其上段防護脆弱時，我方趁機掃踢對手頭、頸部位，再緊接著調整身體姿勢，以旋踢追擊對手。無論採用何種踢法搭配，均應注意兩手進行有效防護。特別是在這種複雜的踢法動作中，不僅要在移動中把握踢擊的時機，更須注意防護，以防對手的突擊或反擊。

117 怎樣運用掃踢——前踢——擺踢技術？

　　由警戒樁式開始（圖 373）。身體適度放鬆，重心移向後腳時，前腳輕觸地面（圖 374），以前腳掃踢從起腳向前上劃弧踢出要一氣呵成、動作連貫（圖 375）。踢擊時撐腰

放髖，最大限度地利用腰髖力量，快速擊出，然後順著踢擊勁力的減弱而落腳收式（圖376）。前腳收式時以前腳掌

圖 373

圖 374

圖 375

圖 376

碾地，重心移向前腿（圖 377），前腿成為支撐腿，後腳快速提起，配合腰髖的勁力向前踢出（圖 378）。收腳直接著地，如果準確以右腿擺踢，左腳收式，以前掌為支點碾動定勢，準備擰轉腰髖發勁於腿時，猛提腳劃弧向前擺掃而出，勁力達腳背至脛骨中段部位。或用腳前掌、腳尖擺掃。採用掃踢可給對手以威脅性攻擊，前踢兩腳可以移動追擊，最後採用擺踢攻擊對手。擺踢勁力較大，一般都作為摧毀性的踢擊。

圖 377

圖 378

彩色圖解太極武術

1 太極功夫扇
220元

2 武當太極劍四十九式
220元

3 楊式太極劍五十六式
220元

4 楊式太極刀
220元

5 二十四式太極拳＋VCD
350元

6 三十二式太極劍＋VCD
350元

7 四十二式太極劍＋VCD
350元

8 四十二式太極拳＋VCD
350元

9 楊氏卅八式太極劍拳＋VCD
350元

10 楊氏二十八式太極拳＋VCD
350元

11 楊式太極拳四十式＋VCD
350元

12 陳式太極拳五十六式＋VCD
350元

13 吳式太極拳四十五式＋VCD
350元

14 精簡陳式太極拳八式十六式
220元

15 精簡吳式太極拳三十六式 拳架‧推手
220元

16 夕陽美功夫扇
220元

17 綜合四十八式太極拳＋VCD
350元

18 三十二式太極拳 四段
220元

19 楊氏三十七式太極拳＋VCD
350元

20 楊氏五十一式太極劍＋VCD
350元

國家圖書館出版品預行編目資料

截拳道功手匯宗／舒建臣　編著
　　　——初版，——臺北市，大展，2006〔民95〕
　　　面；21公分，——（截拳道入門；6）
　　　ISBN　978-957-468-499-1（平裝）

1.拳術—中國
528.97　　　　　　　　　　　　　　95018612

截拳道功夫匯宗

ISBN−13：978-957-468-499-1
ISBN−10：　　957-468-499-7

編 著 者／舒 建 臣
責任編輯／張 建 林
發 行 人／蔡 森 明
出 版 者／大展出版社有限公司
社　　　址／台北市北投區（石牌）致遠一路2段12巷1號
電　　　話／（02）28236031・28236033・28233123
傳　　　眞／（02）28272069
郵政劃撥／01669551
網　　　址／www.dah-jaan.com.tw
E－mail／service@dah-jaan.com.tw
登 記 證／局版臺業字第2171號
承 印 者／高星印刷品行
裝　　　訂／建鑫印刷裝訂有限公司
排 版 者／弘益電腦排版有限公司
授 權 者／北京人民體育出版社
初版1刷／2006年（民95年）12月

定　　價／230元

大展好書　好書大展
品嘗好書　冠群可期

大展好書　好書大展

品嘗好書，冠群可期